CLÓVIS DE BARROS FILHO & JÚLIO POMPEU

TESÃO DE VIVER

SOBRE ALEGRIA, ESPERANÇA & MORTE

Copyright © Clóvis de Barros Filho, 2020
Copyright © Júlio Pompeu, 2020
Copyright © Editora Planeta do Brasil, 2020
Todos os direitos reservados.

Preparação: Ronald Polito
Revisão: Vivian Matsushita e Alice Ramos
Diagramação: Triall
Capa: Tereza Bettinardi

Dados Internacionais de Catalogação na Publicação (CIP)
Angélica Ilacqua CRB-8/7057

Barros Filho, Clóvis
  Tesão de viver: sobre alegria, esperança e morte / Clóvis de Barros Filho, Júlio Pompeu. – São Paulo: Planeta, 2020.
  176 p.

ISBN 978-65-5535-095-1

1. Crônicas brasileiras I. Título II. Pompeu, Júlio

20-2143   CDD B869.8

Índices para catálogo sistemático:
1. Crônicas brasileiras

2020
Todos os direitos desta edição reservados à
EDITORA PLANETA DO BRASIL LTDA.
Rua Bela Cintra, 986 – 4º andar – Consolação
01415-002 – São Paulo-SP
www.planetadelivros.com.br
faleconosco@editoraplaneta.com.br

Advertência

Observar-se permite conhecer-se. E conhecer-se exige esquecer-se de si mesmo. Perceber-se iluminado, a cada instante, por tudo que existe.

Mas nenhuma luz permanece. Tornando toda definição de si impossível.

Resta aceitar que não somos. Porque não há ser no que já vai deixando de ser. Tampouco no que ainda vem a ser.

Lição difícil de se aprender. Há muito à nossa volta insinuando permanência. Instituições, algumas de concreto, outras só pensadas, tão antigas que esquecemos que foram inventadas. Nosso RG, nome e CPF. Tudo parece se esforçar pela permanência. Acabamos acreditando. Às vezes, algo cataclísmico como uma pandemia nos mostra o quão efêmeras e impermanentes são essas concretudes. Compreender isso é libertador.

Regozijemo-nos, pois. Afinal, essa nossa falta de ser é vazio que nos arremessa na vida. Livres. Fôssemos algo, teríamos que prestar contas. Viver de acordo. Nada sendo, nem o céu é limite. Evaporam-se as desculpas. Negociamos com as forças do mundo as nossas. Buscamos potência a cada passo. Alegria a cada encontro. Esforçamo-nos por seguir. Inventando, criando e improvisando. Sem muletas ressentidas. Só então vivemos. Sem os freios de fora. Humanamente.

Clóvis & Júlio

Sumário

Apresentação 7
Prefácio, quase uma mensagem 9

Capítulo 1   Veneza de Serra Negra   13
Capítulo 2   Lamento em primeira pessoa   29
Capítulo 3   Arritmia impossível de perdoar   53
Capítulo 4   Banalidades do mundo   79
Capítulo 5   Chamados da humanidade   105
Capítulo 6   A mesmice repetida do eterno   129
Capítulo 7   Só o devastador será sublime   153

Apresentação

O escritor pode ser louco, mas não enlouquece o leitor, ao contrário, pode até desviá-lo da loucura. O escritor pode ser corrompido, mas não corrompe. Pode ser solitário e triste e ainda assim vai alimentar o sonho daquele que está em solidão.

As palavras são de Lygia Fagundes Telles e certamente caberiam nesta abertura.

Aqui, um livro sobre afeto. Na cortante observação de seus autores, percorreremos os grandes temas que perpassam o pensamento ocidental: morte, liberdade, desejo. Ah! O amor pelo que não se tem...

Elegendo o microcosmo como ponto de partida, vão da gama da distância à aproximação, indo e voltando, identificando-se com seus personagens corriqueiros. No ônibus, na praça, numa viagem esperada há anos; gente comum.

Sagazes em seus diagnósticos, certeiros, são Clóvis e Júlio. A elegância de uma escrita quase minimalista. Compassiva, mas sem permitir que se turve a lucidez. Os causos são histórias do Clóvis. Os temas e a filosofia mais cotidiana, arte do Júlio.

A parceria é instrumento afinado. Introduz às narrativas simples os mais sofisticados conceitos filosóficos: desenvolve-os, com perícia e simplicidade. Numa discreta demonstração de seu virtuosismo, assume vozes femininas com quem dialoga.

Para ancorar David Hume, Kant, Montaigne, Nietzsche, um time à altura: Cervantes, Shakespeare, Machado de Assis, Alexandre Dumas.

O mundo em que subsistem os clássicos tornou-se aturdido de informações e ruídos. Aqui os autores os divisam na massa amorfa, e o que era opaco transparece varado de percepção amorosa.

Prefácio, quase uma mensagem*

Leandro Karnal

Meus caríssimos Clóvis e Júlio, li, com atenção e prazer, o original enviado. O texto tornou-se mais imponente à medida que eu avançava. Sem Virgílio para me conduzir, tive dificuldades em adaptar meu olho ao sentido do que estava na minha tela. Seria uma obra ficcional? Talvez um memorial? Ao final, pareceu-me, na melhor tradição filosófica, uma coleção de trechos ficcionais com sentido didático, texto de raízes platônicas com toques de Voltaire. Coloquei o anel de Giges – aquele, da invisibilidade – e fui lendo como observador onisciente e não percebido pelas personagens.

---

* Os autores pediram, originalmente, uma opinião sobre o texto. Mandei esse longo e-mail com fluxo de consciência e sem elaborações públicas retóricas. Depois de enviado, ambos fizeram nova demanda: tornar minha mensagem um prefácio. Aqui vai, com certa oralidade e sem sofisticações, o texto quase prefácio que apenas guarda o prazer do orvalho da primeira impressão de leitura matinal.

O tom inicial é Amélie Poulain (personagem da deliciosa película de Jean-Pierre Jeunet). Não temos uma parisiense, todavia o olhar leve de uma "caipira" em Veneza. Creio que o objetivo era falar do choque entre imaginado e vivido, ou entre o fundo da caverna e o sol da ideia, voltando ao mais famoso aluno de Sócrates. Gostei muito da primeira história. Ela traz uma reflexão importante sobre a noção de real e o "deus das pequenas coisas" – o lindo livro da indiana Arundhati Roy.

O texto segue com uma metodologia tripartida: ficção de vocês, ficção literária e, por fim, a ideia de muitos filósofos. Há momentos mais focados na experiência do Clóvis, ao mencionar Serra Negra, potência de vida, tesão, Platão e Montaigne a pensar na morte, a dama de Barros Filho... O curioso é este cachalote da narrativa atirar-se em ascensão em direção do visível, flutuar na superfície biográfica e, de ambas, retirar lições ao estilo Epicteto (ou Epicuro?) para mergulhar.

Há momentos, como no comentário sobre *My Blueberry Nights*, que quase salta o nome de Heráclito e o rio que flui inexoravelmente. Os filósofos são enunciados ou subentendidos. Cria-se uma aula boa de pensamento prático, na caminhada de um certo estoicismo. Existe uma axiologia permanente? Acho que é, sim, a estoica. Em outras palavras, os valores buscam um certo equilíbrio diante dos fatos que mudam e contrariam nossos sonhos.

O estilo é literário, com concessões às orações nominais. Como Montaigne, os ensaios de vocês dois pulam de tema em tema, tendo sempre o mesmo foco: como lidar com o universo circunstante? A boa verve narrativa é quase uma armadilha: o leitor é envolvido e quase nunca percebe que está sendo educado. Em meio à narrativa fluida e ficcional, surge um engaste mais abstrato que pode trancar o público comum, como na Abigail 47: "Aqui o recuo metodológico é inexorável. A confusão com o objeto, impossível. Dispensando maior rigor epistemológico."

O mérito maior e brilhante é ter criado uma forma sofisticada de pensar para si e para os outros e escrever um ajuste de contas com suas biografias e com o contraponto especular do leitor. Os três pilares: autores *hic et nunc* (Clóvis e Júlio), autores ficcionais da literatura e filósofos/ideias são muito equilibrados e de amplo apelo. Claro, vocês apanharão de todos os lados, como todo produto mestiço.

Admiro a escolha do mosaico como produto da opção narrativa. As histórias são curtas e, quando a exposição chega a um ponto importante de inflexão, acaba. A ideia ressurge na boca de um filósofo que continua com o mote da personagem antes citada. Comparei com o existencialismo de Meursault d'*O Estrangeiro* de Camus, ou o viajante de *Utopia* de Morus, ou ainda o historiador pequeno burguês d'*A*

Náusea de Sartre. Nas obras citadas existe o mosaico, porém permanece o eixo narrativo em torno de um eu-lírico constante. Vocês pertencem a uma geração mais randômica... Seria esta, também, uma lição do livro de vocês?

Há vários apetites expressos no texto. Existe a fome literária que os liberta do texto acadêmico; a fome de autores clássicos; o anelo de tom professoral e a vontade psíquica de traduzir o *self*, como sempre, em um momento introspectivo de avaliação e certa melancolia existencial. Talvez seja o livro ideal para lançar na fase atual. A dialética do livro é a dialética da fase de vocês: serei um professor, um filósofo, um escritor ou um homem diante do drama da finitude? O livro não consegue responder com clareza a dúvida, porém traduz com inteligência o esforço para sair da bruma da ilusão.

Achei o trabalho excelente, dialoguei com ele, ri, fui impactado, sorri, fiz um esgar de boca por vezes durante a leitura. Com base no que li, consumido pela cobiça positiva, imaginei escrever algo similar, qualquer coisa entre Sponville e Sartre... Parabéns! O texto fará sucesso. Obrigado pela honra de ler os originais. Aprendi muito, pensei, deleitei-me e, mais uma vez, eu me senti muito honrado em ler antes de todos aquilo que muitos aproveitarão.

Capítulo 1

Veneza de Serra Negra

O cavalheiro do assento ao lado até que aguentou um bom tanto. Seu ombro serviu de apoio para a cabeça de um corpo sem resistência. Em gravidade solta. As poltronas estreitas e coladinhas da econômica facilitavam o aconchego.

Desde o momento em que recolheram as coisas do jantar, pelas três horas seguintes, não se atreveu a mover o braço. Foi só mesmo quando Amélia começou a babar que ele ousou retirá-lo. Lentamente, para não despertá-la em solavanco assustado.

Sem ter onde se apoiar, a dorminhoca mudou de lado. O pescoço, agora espetado no corredor, ia recebendo os golpes de quem passava. Joelhos e ancas de gente aflita, a caminho do vaso. Mas nada a despertaria pelas próximas sete horas. Estava dopada. Justo ela, que nem antibiótico aceitava tomar. E que sempre curou as enxaquecas da vida no chazinho.

Nascida e sovada

Afetos e banalidades me fizeram lembrar dela. Amélia. Se era mulher de verdade, nunca soube. Quanto ao ofício, sempre foi manicure. De clientela consolidada. Salão compartilhado com a irmã. A famosa Dolores Cirino. A "Dô", para poucos e bons. Cabeleireira de grandes ocasiões. Se a festa era boa, só mesmo com hora marcada. Ou sendo gente da alta.

Solteirona pelas circunstâncias, convenceu-se, desde cedo, de que a safra local de pretendentes não era boa. Sobretudo a que pareava com ela em idade. Sem companhia constante, apreciava genuinamente o recolhimento. Curtia ficar só. No seu canto. Afetos controlados em experiências repetidas, naquele mundinho, velho conhecido.

Nascida e sovada em Serra Negra, Amélia nunca foi de deslocamentos longos. Conhecia só as imediações. Águas de Lindoia, Amparo, Pedreira e Jaguariúna. Ir mais longe não lhe fazia falta. Tinha estado em Campinas uma vez. O sobrinho querido passara no vestibular. Depois dessa, nunca mais. Cidade grande a deixava confusa.

Gostava mesmo do lugar onde vivia. Esse era seu. As ruas em rampa que sobem de tirar o fôlego e descem trincando os joelhos. Os mirantes, com seus horizontes expostos. O sol rachado do dia. E, ao seu pôr, o fresco do vento gelado que se segue.

Gostava também das suas gentes. Daqueles que sempre moraram por ali, mesmo antes de nascer. E que são como são, não é de hoje.

Dos outros, então, ainda mais. Os que dão as caras só de vez em quando. Chegam perguntando pelo friozinho e colorem a cidade por alguns dias. Espalham alegria e encantamento. Gastam o dinheiro que trouxeram e depois se vão. Devolvendo à serra o vazio e a tranquilidade de antes. Levam na bagagem o frescor da alma apaziguada. Temperado pelo desejo de um tiquinho mais. Quase sempre.

Pôster trazido de lá

Apesar da vida vivida em geografia curta, Amélia amava Veneza. Como assim, não conhecia? Nunca tinha estado, é verdade. Mas colecionava revistas, fotos, cartões-postais. Na parede do quarto, uma gôndola em pôster. Trazido de lá. A moldura ela fez no Orlando. Pra essas coisas, só ele mesmo. Ficou salgado. Mas valeu demais da conta. Seu maior patrimônio.

 Interessava-se pelas histórias. As contadas nos livros e nas reportagens da televisão. E pelas outras também. As mais saborosas. Enunciadas no improviso. Por gaiatos amadores com talento narrativo. Nada escapava dos ouvidos afiados de Amélia para as coisas venezianas.

 Reunia informações de onde fosse e lhes conferia alguma coerência, a todo custo. Tomava por verdadeiro tudo que podia. A lógica esganada a serviço do sentido aparente.

 Ao ouvir qualquer relato sobre Veneza, Amélia subscrevia tacitamente um pacto com o porta-voz.

Este jurando fidelidade às ocorrências vividas na própria pele e ela prometendo acreditar em tudo, com ingenuidade matuta.

Quando ficava sabendo que alguém tinha partido em viagem, perguntava logo por onde tinha passado. E se o desavisado manifestasse entusiasmo pela beleza de algum outro lugar, Amélia retrucava ofendida:

— Não são tão belas quanto as de Veneza...

Desvirginar em cascata

Nossa personagem ia inteirar os cinquenta. Números inteiros justificam eventos caprichados. Ocasião em que os outros celebrariam, com boca grande e mãos cheias de docinhos, mais um 4 de outubro.

A Dô e um tio endinheirado resolveram proporcionar-lhe o impensável. A viagem. Para o único destino que importava. Desejo da vida inteira.

O presente fora anunciado com estilo. Entre os parabéns e o bolo. Em improviso da lavra de padre Eusébio. Era sempre ele a tomar a palavra, no mister de falar bonito. Cada frase correspondia a um instante inédito de vida. Um desvirginar em cascata. Ir a São Paulo, entrar num aeroporto, andar de avião, ir pra outro país, outro idioma, Veneza...

A ficha tardou a cair. Afogada pelos cumprimentos exagerados, Amélia parecia em torpor. Seu eterno olhar profundo, habitualmente preenchido até a boca de resignação e melancolia, cintilava naqueles instantes um brilho de descoberta e incredulidade.

Só mais tarde realizou o que estaria por acontecer. Desde então, pensava em tudo ao mesmo tempo. Eram poucos dias para tanto a arrumar.

A notícia se espalhara pela cidade. Empatia e inveja brincavam de gangorra. A grande Serra Negra compartilhava a euforia de sua mais ilustre manicure.

Até que o dia chegou. Dias são assim mesmo. É só marcar que eles chegam. Você, sim, poderá lhes dar o cano. Desencanar e não acudir ao encontro. Quem bate as botas deixa o dia seguinte esperando. Preocupado. Sem saber direito o que aconteceu. Supondo desdém. Ou mero esquecimento.

Mas Amélia compareceu. Jamais se esqueceria. Quanto mais desdenhar. Estava pronta já antes do amanhecer. Amigos, parentes e alguns clientes foram chegando. Casa cheia até o jardim. Ocasião para as últimas dicas. Advertências. Pedidos de presente. E um derradeiro abraço.

Agradecia em sorrisos a presença de cada um. Tomando-os pelas mãos. Sua marca registrada. Segurava-as no ar. Com a delicadeza de quem destapa uma caixa de borboletas adormecidas.

Boca aberta e baba

Seria preciso ir a São Paulo. O Avelino da imobiliária se comprometeu a levá-los. Parceiro pra qualquer hora. Tinha prazer em servir. Facilitar a vida. Nem precisava pedir. Todos ali sempre contavam com ele pra essas roubadas que ninguém encara. Duas horas antes, já estava a postos, com o carro abastecido e o porta-malas aberto.

 O caminho escolhido foi por Morungaba e Itatiba. Depois era só pegar a Anhanguera. Em um piscar de olhos estariam na Marginal. A partir dali era preciso paciência. O trânsito nunca facilitava. Mas iam com tempo de sobra. Nenhum imprevisto comprometeria a chegada.

 Amélia foi muito de boa. Antes da entrada pra Bragança, para espanto da Dô e do tio endinheirado, já ressonava grave no banco de trás. Como assim?! Dormir de sonhar agitado. Justo ela, que só se entregava depois do milésimo carneiro.

 A arte ficou por conta de Higino, o dono da farmácia da praça. Levara, às escondidas, um comprimido redondinho e um copo d'água. Fez Amélia engolir sem se dar conta. Garantiu que mal não havia de fazer. O efeito do danado durava um mugido de boi rejeitado.

 Passou sonada pelo raio X e a imigração. Esperou sentadinha pelo voo. Na aeronave, foi desaprumando aos poucos. Fez, por um bom tempo, do ombro do cavalheiro ao lado, seu travesseiro de bordo. Não faltou boca aberta e baba.

Amélia só voltou a atinar pela vida no anúncio do pouso. Graças ao Higino, toda a chatice daquele longo e penoso deslocamento fora reduzida a um mergulho em devaneios de tempos borrados e duração imprecisa. O encontro tão esperado estava por um fiapo. Conexão rápida em Roma. Seguida de uma horinha de voo suplementar. Até o destino final.

Deus Tardelli

O despertar foi faminto. Também, pudera. O bolo de fubá em casa tinha sido a última ingestão sólida. No aeroporto não faltavam guloseimas e seus odores de água na boca. Sem muito acanhamento, foi logo pedindo, com os dedos e um falar pra dentro: dois sanduíches e um café.

Chamavam de *panini*. Um era de presunto e queijo. E o outro, mais ousado, tinha linguiça e pimentão. Parecia bom de comer. Já o café era expresso. Um dedinho só e forte pra dedéu. Nada parecido com o coado de casa. Como se fosse outra bebida.

Tudo engolido num pé só. A fila do embarque ia se escoando na ampulheta do portão. Chegou ofegante. Limpando lábios na manga do casaco. Com seu nome anunciado e repetido no alto-falante.

Que bonito ficava Amélia naquele idioma! Claro, sonoro, cantado. Cada letra em seu merecido destaque. O "ele" com a boca aberta e a língua fazendo charme no céu da boca. Fora preciso ir a Roma para descobrir a beleza do próprio nome. O responsável pelo embarque ainda não terminara de chamá-la pela última vez e a manicure, ainda mastigando, lhe estendia passaporte e cartão.

No crachá constava Tardelli. Sorriu ao vê-la. Sem reação. Dois ou três segundos. Olhares cruzados. Um pisar que falseia no bambear de uma perna amolecida. Tão belo quanto Gianecchini. E ao vivo.

O acesso à aeronave seria remoto. Em ônibus clausura. Aquecimento no talo. Uma estufa sobre rodas. Apetecível a muitos friorentos.

Com certeza ele viria anunciar ao motorista o fim do embarque. Ninguém merece ser condenado a ver Tardelli uma única vez.

Talvez por isso mesmo, Amélia não voltaria a vê-lo. Pelo rádio, alguém autorizou a partida. E o edifício do aeroporto foi se apequenando na distância. Levando consigo para sempre a miragem em miniatura daquele exemplar único da beleza masculina.

Axila arejada do fiscal

Veneza, finalmente. Antes mesmo de digerido o pimentão.

Dô e o tio endinheirado vibravam por Amélia. A Itália, ela mesma, esperando logo ali, do lado de lá da porta que gira sozinha. Agora, sim. A realidade do sonho tantas vezes sonhado. Já viam Amélia de joelhos. Pondo as mãos no chão. Mas ainda não. A fila de gente ereta na imigração retardaria a contrição genuflexa. Os boxes que recebiam um a um os turistas faziam lembrar as quermesses da infância.

As casinhas com números e o coelho, que, saindo do centro, escolhia uma para entrar. Fazendo a alegria da criança portadora do bilhete certo. E despertando nas demais algum ódio pelo animalzinho fornicador.

Se em Guarulhos Higino e seu comprimido redondinho tinham aliviado o tédio da fila, aqui a lucidez maior revelava sua crueldade. Com todos os segundos do relógio chateando a alma. Os mesmos desconhecidos na frente e atrás andando de pouquinho. No passo e no compasso da má vontade indelicada dos fiscais da identidade.

Mas como fila de imigração também é vida, acaba por acabar. Chegara a vez de Amélia, bem como a de seus mecenas. Com a axila arejada, o braço empinado do agente desceu arreado de lá de cima. Zunindo com ele, o carimbo lambido na esponjinha. Mais de metro percorrido antes de colidir, com estrondo, na página limpinha do passaporte todo virgem.

Pronto. Não doeu tanto assim. Tudo de chato ficara para trás. Passagem rápida pelo hotel. Só para deixar as bagagens. Não havia chão a não pisar. Pedra a não tocar. Vento a não sentir na cara. Nativo a não olhar nos olhos. Tempo a não entulhar de vida. E vida a não sorver até a derradeira gota.

Passeio de gôndola. Ponte Rialto. Almoço. Piazza San Marco. Pôr do sol na ponte Dell'Academia. Jantar com vista de águas. As ruas hídricas de Veneza.

Amélia estava feliz. Essa era a certeza de Dô e do tio endinheirado. Até que, do nada, depois de um bom tempo de silêncio, duas palavras e um suspiro jogaram tudo por terra.

— Veneza fede!

A Veneza de Amélia

Expectativas de uma vida subitamente convertidas em frustração. Antes era a Veneza dos sonhos. Produção de uma alma "*made in* Serra Negra". Era também a Veneza das fotos. Vistas com óculos de todas as lentes: encantamento, enfado, esperança, tristeza, desejo. Polidas em lixas, luxos e lixos bem serranos.

Agora, naquele instante mesmo, graças à generosa iniciativa de Dô e do tio endinheirado, surgia bem na cara a Veneza percebida. Por Amélia e seus sentidos. Sem mediação alguma. Muita coisa nova. A cidade ganhou algum cheiro. Um chão de pisar. E águas para rabiscar com os dedos, no barco em movimento.

Do sonho à visita, da quimera à percepção. Tudo tem a participação decisiva de Amélia. Desde as histórias por ela interpretadas e memorizadas. É claro que de alguma Veneza ela precisou para produzir tudo aquilo. Mas foi com seu corpo que ela viu, cheirou, tocou, degustou, sentiu no rosto.

E com seu espírito, experiências anteriores, repertório, seu jeito próprio de se deixar afetar, atribuiu a todas aquelas sensações algum significado. Algum valor. Fazendo existir aquela Veneza. A Veneza de Amélia. E de ninguém mais. Diferente de todas as outras espalhadas pelo mundo.

Veneza sem Amélia, ou alguém outro para nela viver, sequer se chamaria assim. Não teria história, nem geografia. Não seria bela, nem feia. Não viraria cenário, nem representaria o que quer que fosse. Não atrairia, nem acolheria.

Resta perguntar se, nesse caso, teria sobrado de Veneza alguma coisa. Afinal, todo fragmento de real, por ele mesmo, isto é, fora da relação com algum de nós, permanece um grande mistério.

Veneza é o que é

O ser é. E o não ser não é. Nesse caso, supomos que o mundo em que vivemos seja. Ou que, pelo menos, participe do ser. De um grande ser. Com "S" maiúsculo. O uso cauteloso que fizemos do verbo "supor" não configura aqui simples frescura intelectual. Porque não temos acesso a esse Ser.

Ao caminhar por aí, no acaso das experiências, o que temos são fragmentos. Estilhaços de mundo percebido. Nada além. Cada flagrante que eu e você fazemos do mundo só se realiza a partir do nosso singular e exclusivo ponto de vista. Pela nossa vista. Da nossa perspectiva.

O resultado perceptivo do mundo nesse flagrante envolve o corpo inteiro. Situado naquela precisa distância e angulação do mundo flagrado. Fora outro corpo no lugar e o flagrante não teria sido o mesmo.

Por isso, a cada instante, cada um de nós vê o seu pedaço de mundo e de um jeito próprio. Mesmo que se trate de uma simples coisa. Uma mesa ou um copo. Cada um percebe de um jeito. Sem coincidência possível. Infinitas mesas, infinitos copos, infinitos mundos percebidos.

E infinitas Venezas.

Ora, se cada um que, como nós, está no mundo o percebe de uma forma, de um jeito, não é tão óbvia assim a existência de um único mundo para todos. Um real comum a todos que o percebem diferentemente só poderia mesmo resultar de uma suposição.

Uma ilusão compartilhada talvez. De que, para além de infinitas Venezas percebidas pelos zilhões de turistas que acolhe e pelos que nela habitam, há outra, que não coincide com nenhuma delas, que nunca será percebida como tal, impávida realidade inapreensível e misteriosa.

Só imaginação

Estamos, portanto, dramaticamente enclausurados em nosso próprio mundo. Circunscritos às nossas representações.

E se algum de nós der asa solta à imaginação e criar em sua mente algum mundo nunca encontrado e nunca percebido por ninguém, pois bem, esse mundo imaginado ganha existência como tal, enquanto ideia, com todos os seus atributos confinados no espírito de quem o concebeu.

Assim, seria injusto culpar Veneza pela frustração de Amélia. O real é, e simplesmente é. E no meio desse mundão tão real, Veneza também. É o que é. Com suas cores, formas, cheiros e gentes.

Atributos que serão flagrados ou não, com maior ou menor ênfase, nas circunstâncias particulares de cada encontro. No inédito irrepetível de cada olhar, toque, respiração, esbarrão, conversa ou silêncio. Experiências que se sobrepõem, justapõem, excluem, complementam, significam.

Na hora de compartilhar tudo isso, antevemos a escalada de um Everest. Essa combinação sempre única, rica e cheia de complexidade não se deixa converter em palavras. Para dar conta de sensações sempre únicas e incomparáveis, contamos com meia dúzia de vocábulos, se tanto. Alegria, tristeza, tédio, amor, desejo, esperança.

Essa constatação não nos eximirá do dever de interagir. O mesmo mundo que tantas experiências nos proporcionou cobrará de nós algum relato, alguma avaliação, algum juízo. Teremos que conseguir dizer algo sobre a vida vivida. Pagaremos alto preço se nos recusarmos. O que exigirá redução e empobrecimento.

— Mas e aí, Veneza. Desde que voltou, você ainda não me disse nada!!! Afinal, que tal? É tudo isso mesmo? Vamos, desembuche!!!

Com efeito. Os afetos e sua infinita riqueza, bem como o mundo percebido que lhe deu causa em dedilhar irrepetível, tudo isso já vai longe. Só algumas cordas seguem vibrando.

Bela, feia, perfumada, malcheirosa, maravilhosa, frustrante são palavras. Matéria-prima paupérrima para dar conta do que foi a vida. E mais ainda para atribuir valor a um mundo cuja riqueza dá nó em nossos juízos.

Mas essa mesma matéria-prima de poucas palavras cumpre sua função social. Permite preencher um vácuo. Livrar de enrascadas. Ante chatos de carteirinha, que depois de um dedo de prosa e um café se acomodam no sofá esperando pelos outros nove.

Veneza de Serra Negra

Queiramos ou não, a forma como percebemos uma realidade que nos é dada implica tanto o impacto que enseja sobre nossos sentidos como todas as representações que a partir disso elaboramos. Significados e valores que a ela atribuímos.

Moléculas de odor viajam pelos ares. Invadem nossas narinas e as provocam. Circuito neural acionado, comunica ao cérebro a percepção do odor. Mas não é apenas a ideia de uma sensação olfativa que povoa nosso espírito nesse instante. Justapõe-se a ela uma outra. Em assustadora concomitância. O valor de fedido, cheiroso etc.

Outras narinas afetadas pelas mesmas moléculas as perceberão diferentemente. Como as palavras são poucas, a palavra fedor pode até coincidir. Mas nunca o mau cheiro efetivamente sentido.

Às vezes, as percepções discrepam ainda mais. Basta um nariz entupido. Ou um impacto olfativo muito forte, segundos antes. Neste caso, o insuportável para uns sequer será sentido por outros. E o mesmo ventinho, portador das tais moléculas, que está causando náusea neste aqui, merece respiração profunda, de encher os pulmões, por parte daquele lá.

Que testemunhem os ares que abandonam nossos corpos, passando por onde podem, em busca de liberdade. Para nós mesmos, bem OK. Para alguns bem especiais entre nós, como meus colegas de escola na primeira adolescência, odor agradável. Já para os outros...

Mas não é apenas pelo modo de atribuir sentido ou valor que nos frustramos. Há algo mais.

Amélia passa a atribuir outro valor a Veneza, porque aquela de antes, só imaginada, talvez idealizada, agora é confrontada com outra. Com mais cores, cheiros e nuances que livro, pôster ou blogue de viagem algum consegue transmitir.

Dois mundos, duas Venezas. Uma desmente a outra. Pior para a percepção. Pior para a turista. A Veneza amada era a da imaginação. A de Serra Negra. E só ela.

Já o Tardelli, bem, esse Amélia não conseguia tirar da cabeça. Mas da viagem ficara a lição. O italiano que a tirou do prumo é o dela. E só o dela. Flagrado em segundos pelos seus olhos. E imaginado em devaneios insistentes pela sua alma, mais que virgem de paixões assim. Por isso, melhor é deixar no aeroporto o que ficou por lá.

Além do mais, se a Veneza percebida já tinha seus odores característicos, esse negócio de tomar banho na Europa, todo mundo sabe, não é como aqui...

Capítulo 2

Lamento em primeira pessoa

Veneza, com seu cheiro, desaponta. Ao menos no caso de Amélia. Já sabemos que se tivesse deixado a sua, tão sonhada, ali mesmo, no seu quarto, e visitado a outra, a dos italianos, mais desarmada, sem tanto esperar, tudo teria sido mais suave. O odor não incomodaria tanto.

Deixemos agora a nossa querida manicure entre os seus. Desde que voltara, todo dia, sem falta, passava gente pelo salão querendo saber como tinha sido tudo. Sem nenhum gosto por lembrar de Veneza, Amélia queria mesmo era falar do Tardelli.

Um átimo de encontro que inundara a alma. Com ingredientes perceptivos paupérrimos – um rosto em um piscar e uma voz chamando seu nome –, o italiano da serrana vasculhara seus todos recônditos. Fazendo-lhe companhia por dentro e por fora. No certo do avesso, no avesso do certo e vice-versa.

Mas disso ninguém tinha, nem viria a ter, a menor ideia. Sua introspecção só aumentara. Para frustração da Dô e do tio endinheirado. Não era para tanta surpresa. A fronteira montanhosa, que separa o estritamente íntimo, restrito à primeira pessoa do singular, do resto dos assuntos, sempre fizera do recato, desde muito antes da viagem, o traço mais grosso do seu jeito de ser.

Causa da própria decepção

Não foi só Veneza a desapontar. Tampouco Amélia fora a única decepcionada. Esta, por exemplo, com seu desapontamento, frustrou foi muito os planos da irmã. E do tio endinheirado também.

Nenhum maxilar distendido entre os caros leitores, posso apostar. Nada de muito novo. Sabemos bem e desde muito cedo que homens e mulheres como nós também nos desapontam.

Com efeito. Desde a maternidade o tapa no bumbum desferido pelo médico serviu de boas-vindas. Experiência crua. Virginal. Sem nada para contrastar. Ao nascer, o mundo era o que era. Nada pensávamos sobre ele. E, ainda assim, nos fez chorar. Mais de uma vez.

Em meio a todas as decepções causadas por humanos, há uma muito especial: aquela que tem como causa a própria existência, deliberação, ação, performance. Quando somos nós mesmos a causa do nosso desagrado. Tristezas decorrentes de atributos flagrados em si mesmo. No próprio eu.

Alguns as tratam de vergonha. E de sem-vergonha os que já nem ligam mais.

Nessas horas, valemos menos que o nada. Porque esse último, sendo nada, só poderia mesmo nada valer. Sem surpresa ou frustração. Mas nós, que somos algo, bem que poderíamos valer alguma coisa. Quando somos reduzidos a nada por nós mesmos, merecemos valor ainda inferior ao nada que nada vale.

De uma simples gafe, do tipo tomar por grávida uma mulher obesa, a dores profundas de corpo e alma, causadas por escolhas, decisões e ações que poderiam ter sido outras. Evitando, assim, consequências que se revelariam devastadoras.

Como no caso de *Mr.* Gateau. Lê-se gatô. Apresentado na sequência.

O relógio glorioso

A estação de trem de Nova Orleans data de 1918. Tudo construído no maior esmero. Por fim, contrataram o melhor relojoeiro dos estados do Sul para dar seu glorioso relógio. Seu nome era *Mr.* Gateau. Casado com uma moça mestiça da paróquia, Evangeline. Tinham um filho: Patrick.

Mr. Gateau era, desde o nascimento, absolutamente cego.

Mil novecentos e dezoito, o último ano da Primeira Grande Guerra. Quando Patrick atingiu a maioridade, o pai o obrigou a se alistar. Queria para o filho uma carreira de paixão, grandiosa. O mundo que jamais poderia conhecer se ficasse por ali. Patrick, aos 18 anos, relutava. Amava fabricar relógios. Na noite anterior à sua partida, discutiram.

— Eu já disse que quero você longe destas quinquilharias! — era o que ouvia do pai autoritário e furioso.

Patrick partiu resignado. Acatando suas ordens.

E *Mr.* Gateau só fazia trabalhar no relógio da estação. O glorioso. Durante meses, foi só o que fez.

Um dia, chegou uma carta. Evento pouco comum na vida do cego relojoeiro. Pediu para que alguém a lesse. Informado, deu continuidade ao dia, como planejado. Já bem tarde, tendo terminado o serviço, *Mr.* Gateau subiu sozinho para a cama.

Seu filho finalmente retornaria para casa. No caixão. Morto no *front*. Eles o enterraram na sepultura da família. Ali aguardaria pelos pais.

Nos dias que se seguiram até a inauguração, o homem, cego e silencioso, voltou a trabalhar arduamente.

Foi uma manhã inesquecível aquela em Nova Orleans. Havia gente de toda parte e uma banda que tocava tuba. Até Teddy Roosevelt compareceu.

Quando o relógio foi finalmente acionado, alguém gritou:

— Está girando ao contrário!

E assim, *Mr.* Gateau, o relojoeiro cego e taciturno, casado com Evangeline, a moça mestiça da paróquia, fez sua pequena voz ecoar pela estação:

— Eu o fabriquei assim. Para que os filhos que perdemos na guerra possam retornar para casa. Voltar para trabalhar, na relojoaria, se quiserem. Na fazenda, então. Para terem filhos, para terem vidas longas e plenas. Talvez assim meu filho, a quem enviei para o *front*, possa voltar também. Espero que me perdoem se os ofendi ou decepcionei. E que gostem do meu relógio.

Mr. Gateau nunca mais foi visto desde então. Alguns disseram que morrera de tristeza. Outros, que fora para o mar.

De boas intenções...

A decisão de mandar o filho para a guerra, contra a sua vontade, não pecou pela intenção, certamente muito boa. Tampouco pelos valores de vida que lhe serviram de fundamento.

Acreditava o relojoeiro que a vida no interior de uma oficina era por demais limitada, restrita e repetitiva. O filho carecia de experiências diferentes. Que enriquecessem seu espírito. E fortalecessem seus propósitos. Um outro entendimento do mundo e de si mesmo. Com problemas inéditos a enfrentar. E emoções a sentir.

Ora, não há, por parte de um pai, nada a lamentar por querer proporcionar ao filho uma vida que julga superior à que vivera ele mesmo. Mas o meio escolhido mostrou-se fatal. Tanto quanto a dor de lhe sobreviver, pela própria teimosia.

A decepção consigo mesmo pode ter causas diversas. Afinal, esse tal de eu sempre reúne muitos tipos de atributos e carências que podem não agradar ao seu titular.

Como alguma incompetência técnica, por exemplo. Um erro na hora H. Em plena execução.

Lamento na execução

Nesse caso, não há decepção sobre metas. Sobre aonde queríamos chegar. Tampouco lamentamos o meio ou os meios empregados para alcançá-lo. Estamos convencidos de que era mais ou menos aquilo que precisava ser feito.

O desvio a lamentar se deu na hora da intervenção sobre o mundo. De romper a inércia. De mover o corpo. Acionar o instrumento.

Vai que é sua...!!!

Quem poderia esquecer? Final da Copa do Mundo de 1994 nos Estados Unidos. Disputa por pênaltis entre Brasil e Itália. A mesma que, doze anos antes, eliminara o maior orgulho futebolístico do país. O time de Telê Santana. Em pleno estádio Sarriá. Um espinho entalado na garganta de toda uma nação.

— Vai pra bola Roberto Baggio.

O líder do esquadrão adversário. Maior talento do futebol da península em décadas. Símbolo de técnica e genialidade. No gol, outro gigante. O nosso Taffarel. O mais vencedor arqueiro no país do futebol. A cena inebria o mundo. Índices de audiência estratosféricos. Se Baggio falhasse, o Brasil se sagraria pela quarta vez campeão do mundo de futebol.

Pois é. Todos se lembram. Certamente o jogador italiano tinha claros em sua mente meios e fins. Sabia que a bola tinha que entrar. O lugar por onde deveria passar. A trajetória que deveria percorrer. O instrumento para impulsioná-la. A melhor forma de se aproximar, de como golpear, com que força, e tudo o mais.

Mas, na hora de fazer tudo aquilo acontecer, a execução determina um resultado completamente diferente do imaginado pelo atleta. Para a euforia dos brasileiros. E a tristeza dos *tiffosi*. A TV mostra o craque observando o resultado de sua ação. Flagra no seu rosto a incompreensão e a dor.

O sonho é mais bonito

Mais um desvio de execução.

Numa das histórias contadas por Boccaccio no seu *Decameron*, um pintor é contratado para embelezar a parede do altar de uma capela. Obsessivo, dormia junto à pintura e não raras vezes acordava à noite para dar continuidade ao trabalho.

Os padres estranhavam seu comportamento. Não sabiam que toda noite, nas poucas horas em que dormia, sonhava com traços, formas, figuras. Nessas quimeras, anjos e santos, em cores vivas e radiantes, ora dançavam, ora posavam como modelos. Uma vez concluída, a obra a todos agradou. Menos ao pintor. A exaltação do público contrastava com a melancolia do artista.

— Você parece triste, não está orgulhoso de sua obra? — perguntou um frade.

— Para quê pintar, se o sonho é mais bonito? — respondeu.

Lazavieta entrou de gaiata

Quando o erro de execução resulta em crime, o termo usado é *aberratio*. Lê-se "aberracio". Aprendi com Paulo José da Costa Jr., professor de direito penal na USP. Já falecido.

Dizia o mestre, com seus exemplos lá de Roma, onde também lecionava. Tício atira em Gaio para matá-lo. Tibúrcio irrompe entre ambos e recebe a bala. O autor do disparo, que odiava Gaio, amava

Tibúrcio. E não se recomporá. Definhou em tristeza até se extinguir.

Com um pouco mais de riqueza literária, só um tiquinho mais, que fique claro, o erro de execução faz lembrar o lendário Raskolnikov, de *Crime e castigo*.

Nesse clássico de Dostoiévski, um jovem estudante pobretão decide matar a principal agiota de São Petersburgo, a quem deve uma fortuna. Convencido de seu caráter pernicioso, assolado por sentimentos de justiça, arma-se de um machado, assassinando a mulher em um golpe certeiro. Mas, no momento da fuga, flagrado pela irmã da velha, que vinha entrando em casa, assassina também Lizavieta. O ano era 1866, e a forca para o duplo homicida, mais que certa.

A morte inocente de Lizavieta passa a atormentá-lo constantemente. E, embora jamais seja descoberto, Raskolnikov nunca mais conseguirá recobrar seu juízo e sua vida.

Lamento estratégico

Nem sempre o mais triste se reduz a alguma imprecisão técnica. O momento anterior a esse também pode nos chatear muito. Trata-se de um possível equívoco na hora de decidir o melhor caminho. De escolher o instrumento. De deliberar sobre o procedimento a seguir.

Perceba, o problema aqui é bem outro. Não se trata mais de errar na execução de uma estratégia corretamente escolhida. Mas, sim, de pisar na bola na hora mesmo de escolhê-la. De defini-la. Um erro aqui de avaliação, portanto. De pensamento. Que, uma vez percebido, enseja um lamento de estratégia. Um pesar pela escolha feita. Sempre por si mesmo, é claro.

Por que o meio escolhido pode nos entristecer? O motivo mais imediato é a sua ineficácia. Isto é, por aquele caminho você não chega aonde pretendia. Não alcança o seu objetivo. Investe, gasta, desgasta, onera. E não obtém o que queria.

Dentadura grande demais

Lamento pelo procedimento escolhido. Nesse quesito, ninguém bate o tio Onofre. Morador de Viçosa. Vítima de uma enxaqueca que celebrava bodas de ouro. De tudo foi tentado. Até que Paulo Otávio, o agora doutor Paulo Otávio, médico de canudo cheio, diagnosticou com a certeza dos titulados. A culpa era dos dentes.

Tio Onofre não pensou duas vezes. Pediu a Ercílio, dentista da família, que os arrancasse um a um. A princípio, relutou. Achou aquilo um disparate. Mas um simples prático com anos de broca e pouco estudo não pode com ordens médicas.

Foram três semanas e dois dias de extração. Com reeducação alimentar forçada. A cada dia menos consistente. Onofre foi se habituando aos líquidos. No máximo, um creme. Desses que já vêm mastigados da panela.

Nunca se habituaria aos dentes de segunda mão. Ia perdendo peso e recebendo elogios. Galanteios até. Ficou esbelto que só toureiro espanhol. Depois passou do ponto. Realçando a ossatura. Os enchimentos em roupa não funcionavam para a face e a cabeça.

Quanto à enxaqueca, bem, essa o acompanhou até as bodas de diamante. A festejar bem no dia do último cortejo. Poucos amigos a pé. Seis deles com uma alça na mão. Onofre, do ataúde, bem ao centro, parecia exultar. Sorrindo em boca alargada. Até que a morte os separe. O sol do meio da tarde fazia reluzir o marfim bonito de sua imponente, grande demais e quase virgem dentadura.

Há erros instrumentais menos doloridos. Como convidar um vegetariano para um churrasco com o intuito de agradá-lo. Estender a mão para saudar ou acolher um cego. Usar chuteiras sem trava num campo completamente encharcado.

Porém, quando falamos de se chatear consigo mesmo, a ineficácia constatada em primeira pessoa não é tudo. É possível ter havido acerto estratégico, eficácia plena, sucesso absoluto, obtenção integral da meta almejada e, ainda assim, o exitoso agente não se sente nada feliz com o que fez.

Lamento moral

É a vergonha propriamente dita. O que sentimos toda vez que nossa ação desmente um princípio que julgamos dever respeitar. Que consideramos pilar da nossa identidade pessoal. De nosso caráter. Matéria-prima usada habitualmente para nos apresentar. Sempre que solicitados por algum outro, ávido por saber quem somos.

Arrastamos a cara no chão a cada flagrante, em primeira pessoa, de toda conduta que nos obriga a reconsiderar o que pensamos de nós mesmos. Arranhando, com garras de ódio, a imagem que construímos perante nosso próprio olhar e juízo.

A vergonha é, portanto, uma questão moral, antes de tudo.

Toda moral responde à pergunta: o que devo fazer? É a lei que eu imponho a mim mesmo. Conjunto de princípios que decidi livremente respeitar por considerá-los legítimos. É tudo que me autorizo ou me proíbo fazer. Questão de consciência, portanto. Mesmo que para isso tenha que abrir mão do que pretendia alcançar.

Nota baixa de valor

Exemplo escolar: em dia de prova, o professor precisa deixar a classe por alguns instantes. Os alunos se aproveitam dessa ausência inesperada para consultar seus apontamentos. Um deles, porque não aceita fraude, responde às questões sem recorrer ao expediente ilícito.

Não copia do caderno as respostas certas, como os demais. Faz a prova de mãos limpas, como todos deveriam ter feito. Mesmo sem a presença de vigilância. Obtém nota inferior à que obteria se tivesse se aproveitado da situação. Usou a liberdade para respeitar as regras.

Puxação geral de tapete

Exemplo profissional. Coisa de gestão. A empresa passa por uma reestruturação. Mais trabalho. Menos colaboradores. Mais atitude, proatividade, espírito de dono, resiliência. Mesmo salário. Porque a lei não permite reduzi-lo. Só os mais eficazes conservarão seu emprego. Todos torcem pelo deslize do outro. Destacam a ineficácia alheia. Insinuam a incompetência ou a desmotivação de uns e de outros.

Esse cenário de delação generalizada não impede alguém de jogar o jogo em equipe de verdade. Cobrir as eventuais falhas dos companheiros.

Esforçar-se por reduzir suas fragilidades. Apresentar-se sempre como corresponsável por algum fracasso. Colocar-se à disposição para promover a integração. Em nome do triunfo de todos.

O que fica de fora

Toda ação moral requer respeito a princípios. Não para obter vantagem. Se assim fosse, não passaria de estratégia, legislação em causa própria. Tampouco para ser recompensado pelo acaso ou por forças justiceiras. O que seria simples investimento. Menos ainda para ser feliz, já que moral não se confunde com egoísmo. A felicidade de quem age nem sempre resulta de uma ação justa ou de uma vida proba.

Respeito a princípios para agir por dever. Para fazer o que é devido. A coisa certa do jeito certo. E assim, quem sabe, contribuir para o coletivo. Para uma convivência harmoniosa. Respeitando direitos, pretensões e interesses do outro. Construindo, por intermédio da própria conduta, uma ideia de si e da humanidade.

Cada um com seus problemas

Moral é reflexão sobre si mesmo. Seu único objeto é a própria conduta. É deliberação a respeito do próprio agir. Por isso, as duas nunca se convertem em conselho, dica ou mesmo ordem. Pensar sobre como o outro deve agir ou deveria ter agido, embora povoe as mentes e sirva de tema para muitas conversas, nada tem a ver com moral.

Já os deveres alheios – sabemos bem – são assunto pra mais de metro. Falar mal de quem não se encontra é passatempo de quase todo mundo. Fofocar socializa. Entretém. Diverte. Desopila. Com um cafezinho, então! Atribuir valor moral negativo à conduta alheia é campeão de audiência em qualquer espaço de interação.

Mas ainda assim insistimos. Nada tem a ver com a moral. Será, se tanto, mero moralismo. Para despreocupados. Que já resolveram por completo todos os dilemas da própria existência. Aqui me veio da memória do ensino médio o "Conto de escola", de Machado de Assis.

Delação sem prêmio

O ano é 1840 e Pilar acaba de entrar na sala de aula. Atrás dele, o filho do mestre, Raimundo. Menino pequeno, inteligência tarda, mole. Oferece uma moeda pela lição de português que não completara.

Pilar medita. Observa, no claro azul do céu, um papagaio de papel, alto e largo, por cima do morro do Livramento. Disperso e ausente, chega a se arrepender de ter ido à escola. Decide, então, aceitar a moeda ofertada. Alguma compensação pela tarde desperdiçada.

Mas não contava com a delação de Curvelo, o colega ao lado que, no mesmo instante, já à beira da mesa do mestre, entregava os dois.

— Porcalhões! Tratantes! Faltosos de brio!

Foi o que ouviram do professor e pai de Raimundo. Palmatória nas duas mãos. Vergonha. Execração de todos.

Jura partir Curvelo na saída da escola, mas acaba mesmo é se distraindo com uma companhia do batalhão de fuzileiros, tambor à frente, rufando.

De volta a casa, nenhuma moeda ou arrependimento. Somente as calças enxovalhadas da tarde.

Lamento afetivo

Lamentamos nossas decisões. Bem como suas consequências. Equívocos estratégicos e desvios morais. Lamentamos, também, nossos erros de execução. Mas não para por aí. Há muito mais a lamentar quando o assunto é o eu aborrecido por si mesmo.

Há quem o ame. Desses amores de apego. De querer ficar junto o tempo todo. Nesses casos, a frustração, sempre à espreita, aguarda sua hora de entrar em cena. Por mais que haja grude, e os dois não se larguem, o saco não tem fundo. Nunca será suficiente.

E se o amado não amar quem o ama? Hipótese mais do que recorrente. Aí, então, haverá muito a lamentar. O amante de tudo faz para acalentar seu amor. O amado para dissuadir. O amante para se aproximar. O amado para escapar. O amante para ver, ainda que de longe. O amado para não ser visto, de jeito nenhum. O amante para se fazer notar, por um segundo. O amado para desdenhar, em qualquer segundo. E quando por aí vai, a humilhação pede passagem.

Ódios, tristezas, angústias, dores, humilhações, fragilidades de todo gênero, temores e até esperanças. Tantos exemplos de afetos que gostaríamos de evitar. Emoções que seria melhor não ter. Sensações a não sentir.

Com os afetos finalizamos os lamentos de causa própria. Por mais que, a cada bordoada, descubramos quem somos. Mundos infinitos nos afetam infinitamente. Denunciando, a cada golpe sentido, nossa riqueza, também infinita.

Você disse espelho?

De fato. O mundo é mesmo um espelho. Para todos que nele vivem e com ele interagem desde sempre. Todos nós, portanto. Afetados por esse mundo, do nascimento à cova, 24 horas por dia, todos os dias, sem nenhum cessar.

"Como assim?", você pensa. O mundo é um espelho. Todo ele? Qualquer coisa que nele esteja? A palavra espelho significa, por enquanto, só aquilo que as mulheres usam para se maquiar e os homens, para fazer a barba. Presente dado pelos portugueses aos índios em troca de amabilidade.

Vamos com calma. Para que serve um espelho? Esse mesmo de todo mundo. Você tem razão. A função especular é brilhantemente levada a cabo pelo artefato grudado na parede do banheiro. Mas, admita, toda superfície de água parada, com um pouco menos de nitidez, também resolve.

Qual é exatamente essa função? O espelho é um fascinante instrumento óptico. Permite ver o que não seria possível de ser visto na sua ausência. Mas o quê, exatamente? Ora, todo espelho permite ver a si mesmo, é claro. Dá a todo eu, que diante dele se prostra, informações sobre ele mesmo que jamais teria de outra forma.

Graças a qualquer instrumento que sirva de espelho, descobrimos uma topografia da própria face, detalhes e atributos muito específicos. Que, sem ele, só poderiam ser deduzidos, bem *grosso modo*, a partir da percepção dos outros. Do tipo, se todo mundo tem dois olhos, nariz e boca, o eu também deve ter.

Descobrir-se no espelho-mundo

Mas a dúvida continua. Por que o mundo seria um espelho? Um livro, um frango assado, a água forte do chuveiro, o sorriso da moça na sorveteria, o comentário das coisas da política do moço do rádio, cada uma dessas unidades de realidade serve de espelho? Como assim?

Porque informa ao observador coisas sobre ele mesmo que, na falta dessa observação, permaneceriam desconhecidas. Na ignorância. Exatamente como qualquer espelho.

É claro que muda o tipo de informação. O que o mundo ensina a quem com ele interage não é da ordem do visual. Mas a função informativa, didática, pedagógica, de descoberta do eu pelo que lhe é exterior, essa permanece. Tal e qual.

Potência que sobe e desce

Você já deve ter reparado que em alguns momentos da vida encontra-se superdisposto. Em outros, bem menos. Às vezes, fica pra morrer. Desgraças em avalanche. Mas depois tudo aquilo passa. E você volta com força total.

Isso que oscila em você é energia. O tanto que você consegue mobilizar para viver nos diferentes instantes. Chamemos essa energia de potência de agir. Assim, homenageamos Espinosa. Um grande pensador holandês que, com seus ensinamentos, ajudou muita gente a pensar melhor.

Essa oscilação é muito importante, você deve imaginar. É a própria vida que está em jogo. Se a potência chegar ao zero, o juiz apita. Fim de papo. Temos todo o interesse em mantê-la pra cima.

O mais dramático é que esse sobe e desce não depende só de nós. Porque o jogo da vida é disputado no campo ou na quadra do mundo. Nas quatro linhas do real. Naquilo que vamos encontrando, com nossas carnes, ossos e também com nossa alma.

O leitor haverá de concordar. Desde que se entende por gente, sempre teve um mundo pela frente. Algum mundo. Um fragmento do todo. Um estilhaço de realidade. E não se trata só de ter pela frente. De ver, observar, encarar, contemplar. Seria simples demais. O mundo lá e nós cá.

A vida complica porque esse mundo aí da frente se relaciona conosco. Havendo vida, haverá relação. Entre nós e o resto. Algum resto, pelo menos. O mundo que se relaciona conosco age sobre cada um de nós. Afetando-nos. Transformando--nos. Fazendo-nos deixar de ser o que éramos. Tornando-nos outro.

Fosse outro mundo encontrado a nos afetar, a relação também seria outra. E a incidência deste sobre nós nos transformaria diferentemente. Como pode ver, não se trata do mundo lá e nós cá. Nunca. Em instante algum.

Verdade que esse mundo aí, todo valentão, que não para de nos cutucar, tampouco sairá ileso. Porque tem troco. Sempre. Afinal, somos o mundo do outro. Também imprimimos nossa marca. Deixamos sequelas por onde passamos. Em tudo e em todos que conosco ousarem se relacionar.

Busca de si mesmo

Fiquemos com o mundo incidindo sobre nós. Se você bate a canela em corpo duro, fratura um osso. Esse móvel de madeira assassino também sofreu o golpe, acredite. Mas a canela, aparentemente, foi mais afetada. Dadas as coisas como elas são, o encontro entre elas resulta em mudanças que só poderiam mesmo ser aquelas. Quem mandou não olhar por onde anda? Não conhecer a consistência do que está pela frente?

O osso quebrou. E daí? É que não fica nisso. Essa mudança vem acompanhada de oscilação de potência. Interpretação que corpo e alma dão ao que acaba de acontecer. Nesse caso, o pessoal chama de dor. Porque a potência caiu com ênfase naquela região do corpo.

Se a potência tivesse caído por igual, pelo corpo todo, chamariam de tristeza. Passagem para um estado menos potente de si mesmo. Acontece ante o sofrimento do ser amado ou a morte do filho único.

Também há tristeza em encontros mais cotidianos e triviais. Que simplesmente desagradaram. Porque sempre haverá alguém para reparar que você ganhou uns quilinhos desde o último encontro.

Vale lembrar aqui que, dispondo de células que ninguém mais tem, agenciadas de um jeito não exatamente idêntico ao de ninguém mais, o mundo nos afeta singularmente. E como vamos deixando de ser a cada encontro, o afeto de amanhã tampouco será o de hoje. Nem mesmo para nós. Afetos irrepetíveis e virginais, portanto.

Por isso, haverá quem chupe limão. Quem salive com quiabo. Quem não coma chocolate. Quem não faça questão de um bolo de laranja ainda quente para chuchar no café. Quem passe cinco horas em treino exaustivo de natação, quem não ache Natália do Vale linda, que não curta o isolamento na cabana da montanha etc.

Você tem nas mãos *O vermelho e o negro*, de Stendhal. Não consegue parar de ler. Encantamento puro ante as personagens. Excitação a cada página. Não há como não admitir. O livro é um espelho pra você. Informa sobre você o que você mesmo jamais poderia saber sem ele. Autoriza um conhecimento de si de extraordinário valor.

O leitor é informado pelo espelho do livro que é alguém que, de corpo e alma, ante uma obra literária como essa, é tomado de alegria e excitação. Uma grande descoberta, portanto. Sem o livro, como saber?

O mesmo acontece ante o rosto de alguém que aparece. Ante um discurso sobre coisas do espírito. Mas também ante um veículo novo ou um pão de cará com queijo branco e geleia de laranja. Você é aquele que ante tudo isso vê sua vida brilhar. Seu tesão em alta. A potência nos cumes. Em distanciamento progressivo da morte.

Vibrar melancólico das cordas

O mundo também informará muito sobre as condições da sua tristeza. Sobre o que, no seu caso, apequena, reduz, entristece, mata devagar. Como um bolo seco demais, sem ter café para chuchar. Uma bolacha que não é de chocolate. Um sorvete aguado de creme. Um chá de barba de milho ou carqueja. Um filme argentino sem Ricardo Darín. Uma rua sem árvore. Literatura brasileira sem Drummond, Machado, Graciliano e Clarice.

Mas isso tudo é você. Que, vivendo, foi descobrindo quem é. Mapeando alegrias e tristezas ao sabor dos encontros. No ritmo das relações. Na cadência dos afetos.

Acordes de uma harpa cujas cordas seguem vibrando. Para que você, mau aluno, sempre desatento, tenha chance de recuperação. De aprender nas férias um pouco mais sobre si mesmo. De descobrir em dezembro as sensações de um eu dedilhado lá atrás.

Na ignorância afetiva de quem, de tão obnubilado pelos livros e suas banalidades, acabou se esquecendo do que não é banal.

Os afetos de um eu provisório que vai se definindo ao sentir. E se conhecendo ao viver. Graças ao mundo que nos serve de espelho. Porque nos mostra coisas sobre nós que não poderíamos saber sem ele. Questão de aprender a enxergar.

As alegrias, por exemplo, indicam os mundos que nos caem bem. Que compõem em harmonia. Esses, é melhor manter por perto. Multiplicar encontros. Por causa do mundo que nos alegra, descobrimos que somos algo ou alguém que diante daquilo ganha potência. Como filmes com o Darín e a lasanha da minha mãe.

Já as tristezas, apontam em urgência tudo que deveríamos evitar. Os corpos que nos decompõem, brocham e aproximam da morte. Aprendemos muito sobre nós, toda vez que nos sentimos apequenados, aviltados ou agredidos. Afinal, nada como o espelho do mundo para esfregar ululando na nossa cara as nossas maiores fragilidades. E, assim, conhecendo-as, conferir-nos a oportunidade de vencê-las.

Ou, ao menos, amenizá-las.

Capítulo 3

Arritmia impossível de perdoar

A morte não é vida. Talvez não seja nada. Eros ao rés do chão. Zero tesão. Potência nula. Já o medo de morrer, sim, é vida. E vida ruim. Amargurada. O medo imobiliza. Fragiliza. Contrai. Ainda mais esse, de ocorrência tão definitiva.

Sábios ensinam a vencê-lo. Com seus discursos de sabedoria. Passo a passo. Exortam um triunfo em primeira pessoa. Salvação por si mesmo. Salvar é sempre de coisa ruim, claro. No caso, da pior das desgraças da vida: o medo de morrer. O mais devastador. Vitória em pleno pensar. Convencido por si próprio.

Mas como? Qual o argumento, já que a chave está no pensamento?

Ora, simplesmente porque não haveria o que temer. Na morte a matéria que constituía nosso corpo não desaparece. Apenas se reorganiza em novos agenciamentos, integrando outras unidades de real.

Assim, um pedaço de nós pode virar sabão algum dia. Ou orelha de javali. Uma bonita maçaneta, quem sabe? Viu? Fica aí chorando que vai morrer um dia e não percebe o belo futuro reservado para cada parte de você depois do velório.

E se não houver só matéria, bem, seja lá o que for e como queira chamar, aí fica mais fácil ainda. Porque não há de morrer. O imaterial não se deteriora. Tampouco se corrompe, se erode ou envelhece. Viu só? Tanto o corpo quanto a alma vão continuar por aí, dando as caras. Portanto, medo de quê?

Não falta quem tome toda essa sabedoria e seus porta-vozes por arrogantes. Denunciando a impossibilidade desse sucesso sem ajuda externa. Profetas de forças transcendentes. Que sugerem outras armas. As únicas eficazes. Uma salvação em terceira pessoa. De fora. Pela mão estendida do Outro.

Afinal, na areia movediça, não há como puxar a si mesmo pelos cabelos.

Será que valeu a pena?

Suponhamos que o medo de morrer tenha sido vencido. Seja na firme convicção de que as unidades de matéria se reorganizam em novos agenciamentos de vida, conferindo ao todo plena continuidade; seja na certeza de que Deus nos reserva uma vida eterna, em meio aos entes queridos e sem os perrengues inerentes às carnes e aos ossos.

Nesse caso de vitória absoluta sobre o medo de morrer, terá havido ganho? Viveremos necessariamente melhor?

Ora, se todo medo, por mais frívola que seja a ameaça cogitada, é desagradável de sentir, a eliminação, para sempre, desse tal medo da morte que é tão devastador tornaria, sim, a vida muito melhor, não há dúvida. Perspectiva aplaudida pela maioria, é claro.

Mas não a única. Sempre é possível jogar um punhado de areia nos olhos claros da obviedade.

Zero prudência

No caso de vitória definitiva sobre o medo, talvez vivêssemos bem menos, pra começar. Porque, sem o medo, desaparece alguma prudência, cautela e avaliação mais apurada das consequências. Na hora de ir atrás do que se quer, agora ninguém segura. Não há mais por que andar pela sombra, na manha ou na miúda.

Não é só o medo do que diretamente possa matar que desaparece. O seu fim leva de roldão todos os outros. Destemor pelo imediatamente letal e por tudo que o viabiliza.

Assim, desdém pelo morrer contamina o morrer de aids. Que, por sua vez, também nos faz dar de ombros a contrair o vírus. E, portanto, a transar sem proteção. Com parceiros em grupos de risco etc. O destemor sobe em cascata.

Valentões sem compaixão

A vitória sobre esse medo pode ter sido alcançada por mais gente. Todos, quem sabe. Igualmente supervalentes, doravante. No conflito entre contendores que não receiam a morte, nem minimamente, as chances de vias de fato se multiplicam.

Ainda nessa hipótese, de negação do todo negativo, quando passamos, na maior, desta para melhor, todos os prazeres em vida se verão subitamente autorizados na sua radicalidade. Nenhum zelo ou cuidado moderador de apetites fará sentido. Morrer de algum deles será equivalente, ou melhor, que qualquer outra vida em privação espartana.

E o mesmo valendo para as outras pessoas, não cabe mais solidariedade, piedade, comiseração e que tais. Afinal, por que proteger alguém da morte se nela não há nada de negativo?

E podemos ir mais longe ainda. Não sendo a vida um mar de rosas em nenhum tempo e lugar, a tristeza, a dor e a angústia, tão prováveis, a eliminação absoluta do medo da morte pode fazer de toda passagem pelo mundo um episódio a eliminar no primeiro revés. A pôr fim ante a primeira dificuldade. Qualquer desconforto facilmente descartável pela abreviação voluntária do existir.

Em suma, é todo valor da vida que balança na hora em que o medo de perdê-la desaparece.

Abigail 47

A mulher está sozinha no quarto de hospital. Tiram-lhe sangue, tiram-lhe do corpo vários líquidos, fazem exames. Eletrodos nos tornozelos, relógios elétricos reproduzindo as batidas do coração. Sondas, agulhas, os médicos confabulam entre si.

Para eles, a doença é um problema técnico. Com sorte, um troféu profissional a alimentar vaidades que vestem avental. Talvez não se lembrem de que para a mulher ali, 35 anos recém-completados, aquele jogo delicado de possibilidades e hipóteses é literalmente um assunto de morte.

A doente pensa, e se chama Álida, que há certos privilégios que valem menos que sua falta. Se em vez daquele quarto frio e individual houvesse uma enfermaria e mais gente sofrida. Não apenas paredes verde-claras e a odiosa enfermeira de sotaque gutural que, de quando em quando, aparece para perguntar qualquer coisa em falso tom de animação.

Podia haver mais do que aquela cama articulada, isolada como uma ilha no chão brilhando. Mas muitas camas, bem alinhadas em paralelo, com várias outras mulheres, todas doentes. Na hora da comida, não a dieta na vasilha térmica, mas a boia coletiva, vinda no carrinho. Que se discute, que se rejeita, que se troca.

Viver, afinal, são os outros, mesmo para uma solitária como ela. Não queria morrer sozinha.

Esforçava-se para se lembrar de tudo que vivera. Dizem, é o único momento em que se pode avaliar uma vida, o resto é precipitação. Quando uma porta eterna se abre à frente e outra se fecha atrás.

A máxima era do padre Antônio Vieira. Gostava desse homem enérgico e vigoroso. Aprendera a ler sozinha em casa, quando ainda tinha 4 anos. Ganhara do pai uma enciclopédia que passava o dia recortando, rabiscando, tinha paixão por todos aqueles homens de cara triste. O Cervantes, pedia à mãe que lhe desse de avô.

Uma vez, no Carnaval, teve do médico permissão para ir à matinê, mas tinha de ser com as botas ortopédicas.

Duas coisas preciosas ganhou e as economizou com avareza para durarem três dias: um lança-perfume e um saco de confetes. Um quase nada, àquela altura, a tornava muito feliz. Vestiu-se de rosa, era de papel crepom, a mãe enrolara os cabelinhos ralos no alto da cabeça.

Muitos acontecimentos que lhe ocorreram, piores, fora capaz de perdoar, mas este não conseguia sequer entender. Que o coração, medicado e controlado, tenha descompassado tão logo ganhasse a rua.

Lembrava-se apenas de ser arrebatada pelo pai. Ainda deu tempo de ver as outras crianças correndo e gritando. Quando horas mais tarde os batimentos normalizaram, a mãe voltou a penteá-la, mas alguma coisa havia morrido.

E como nas histórias que aprendera, sobre as fadas que encantavam e desencantavam, sentia-se como que quebrada de inocência.

Desceu novamente as escadas, atravessou o portão, e na ânsia de sentir, às vezes até tentava ficar alegre. Mas logo vinha a culpa pelo grande trabalho que sempre demandava, e assim morria de novo.

Outras mortes vieram vida afora: quando adoecera a única amiga, Abigail. Ou quando se despedia do amor da sua vida. Vinha a cada dois meses, não poderia ficar. Nem a ela seria permitido ir. No entanto, era o amor da sua vida, e isso até a amiga Abigail, a pragmática, a moderna Abigail entendia.

Abigail vivia sozinha. Leito 47 do quarto ao lado. Nome e número conferidos a cada invasão entediada da voz gutural. Na pequena caixa acomodada no armário, relíquias do namorado morto havia um ano eram parte de seu amor imorredouro: um anel de ouro, cartas e um pedido de casamento jamais respondido.

Abigail não acreditava em casamento.

Ela mais Álida conversavam muito. Sobre qualquer coisa. Um dia, sentadas lado a lado no corredor do hospital, Bibi, muito alta e loura, a outra baixinha, olhos pretos de coruja, Álida disparou:

— Sabe de uma coisa, Abigail, acho que nós vamos morrer.

Da resposta poderia se lembrar até os 80:

— Vamos, algum dia, mas em todos os outros, não.

Quando Abigail morreu, sobre a cama alvíssima do hospital, a imobilidade escultural, a compostura, o sereno desligamento de todo cuidado a impressionaram.

Restou extraírem o que lhe houvera sobrado de aproveitável. Que regozijem os beneficiários em seus corpos retificados. A doadora deu enquanto amava. Amor pelo outro sem identidade. Genérico. Quem sabe, o tal do próximo.

Agora sim. A morte parecia um aperfeiçoamento final. O último retoque na fisionomia. Daí por diante, as criaturas estariam completas, e ninguém poderia deformá-las ou apontar-lhes defeito.

A saída dos corpos, sempre pela porta dos fundos. Na descarga. Caminho obrigatório dos indesejáveis.

Não pega bem o fracasso esfregado na cara dos incautos que ainda pulsam. Que as áreas nobres e seus mármores em pedra de escada continuem exclusividade de hóspedes entrantes.

Ainda cheios de esperança e recursos.

— Tomara que tirem de mim um benefício de paz e compreensão. Desse só a morte tem o código.

De morrer não tinha medo, afinal. Pena – era o que sentia. De nunca mais ver o seu amor. Como nunca mais veria sua querida Abigail.

Adormeceu em seguida. Álida.

A vida pensa o seu outro

A morte é objeto do pensamento do homem. Que o confirmem tanatólogos, geriatras, antropólogos, biólogos, filósofos, sociólogos e episódicos frequentadores de velório. A partir de um olhar distante, por certo. Aqui o recuo metodológico é inexorável. A confusão com o objeto, impossível. Dispensando maior rigor epistemológico.

De fato. Toda reflexão sobre morte, ou sobre qualquer outro tema, acontece na vida. Em função dela. Condicionada por sua materialidade. Em outras palavras, quando nossa mente se debruça sobre a morte, a articulação semiótica que a ordena e ilumina decorre de matéria neuronal e energia orgânica em fluxo.

Ou seja, todo pensamento sobre a morte se dá na mais estrita vitalidade. Portanto, a partir da sua negação. Cada palavra pensada, enunciada ou não, sobre morte ou não, resulta sempre de complexo enfrentamento de forças bem vitais. É a vida que pensa a morte. Que se encaminha em função dela. Que delibera sobre si própria com consciência do seu fim.

Mais ainda. A reflexão sobre a morte que, como vimos, resulta de necessidades inerentes ao mundo da vida, interage com o resto do corpo afetando-o, nos mais diversos sentidos – de alegria, tristeza, temor, esperança, dor, excitação etc. –, ensejando, assim, mais e outras reflexões. Aqui, talvez, as regras de método científico possam pretender segurar a onda. Um investigador em depressão poderá contaminar seu *corpus*.

Podemos dizer que a morte é para nós uma ilha de vida cercada de vida por todos os lados. E, no meio dos seus turbilhões, vamos fazendo a parte que acreditamos tolamente ser a nossa. Direcionando-a para cá ou para lá. E nada do que supomos escolher está absolutamente desvinculado do que passa pelo nosso vivíssimo pensamento a respeito da morte.

Vida em ampulheta

Se acreditamos que na morte, a nossa, do próprio corpo, tudo acaba, a vida que nos resta a viver se converte numa ampulheta. A raridade dos dias aumenta. E as decisões vão sendo tomadas no registro da urgência.

Se em tempos de juventude tínhamos a vida toda pela frente, cheia de sonhos e projetos, com quase toda a areia acumulada no balão superior, mais pra frente a gravidade fez seu papel.

Alargando o que era estreito. A vida se acelera. Os anos voam. O gargalo é a vida vivida passando por nós. Experiências esmagadas. Encontros em buraco estreito.

Até que alguém, com cacoete de divindade, em discurso solene, anuncia a iminência do fim. Dando-nos, no máximo, três meses de vida.

Na ampulheta do antiquário, a cadência do escoar da areia está definida desde o começo. Medida confiável dos tempos do mundo. E alegoria tentadora para toda vida de carne e osso. De criaturas finitas e mortais.

Até aqui, o paralelo se sustenta.

Todavia, se na ampulheta das areias os fluxos estão definidos *a priori*, na vida que é a nossa o mesmo não acontece. E a areia dos encontros poderá deslizar grão a grão, sofrendo para vencer a passagem esganada da longevidade e, de pronto, desabar de uma vez, num piscar de olhos, atraída pela terra e sua força de gravidade.

Encontros arrombadores alargaram o que era estreito. Com tanta truculência que, quando fomos ver, não tinha sobrado um grão pra contar a história.

Vida em trampolim

Mas tudo isso melhora bem, tornando a avaliação da existência e seus afetos correlatos bem mais suportáveis se estivermos convencidos de que há algo além. De que, do outro lado, todos nos esperam. De que um deus criador, depois de nos julgar, nos brindará com outra existência de paz eterna.

Nesse caso tudo muda. A urgência é outra. Desaparece o desespero pelo que está acabando e desponta a ansiedade pelo passamento. A vida daqui vira trampolim. Salto mortal para nova e definitiva etapa.

No Evangelho de João, o mais achegado apóstolo de Jesus, último dos doze a morrer, a promessa dessa nova etapa vem na forma de um abrigo:

> Na casa do meu pai há muitas moradas, se não fosse assim, eu vô-lo teria dito: vou preparar-lhes lugar. Virei outra vez, e vos levarei para mim mesmo, para onde eu estiver, estejais vós também.

Pesquisa sem objeto

A morte como tal também é um tema impossível. Porque nos escapa. Como diziam alguns antigos, não há com ela encontro possível. Enquanto somos, ela ainda não é. E, quando ela é, nós não somos mais.

Sem encontro, não há observação. Não há relação. Tampouco afeto. Esse "desencontro dramático" entre nós e a nossa própria morte retira dela toda substância, logo, todo atributo. Investigação impossível. Pesquisa sem objeto. Nada a dizer. Nada a pensar. Nada a sentir. Um vazio de ser.

Se a própria morte faz lembrar o momento de amor em sonho interrompido pelo despertador, nada impediu o homem de deitar tinta e saliva sobre a morte em abstração. Genérica. De qualquer um. E tudo que foi dito pode ser atrevidamente reduzido a duas grandes concepções filosóficas.

De um lado, a morte como negação da vida. Tautologia sem pudor. Como dentro e fora. Norte e sul. É morte o que não for vida. Definição pelo outro. Pelo contrário. Uma não vida, portanto.

De quem viveu alguma, é claro. Se nunca tiver havido vida, não poderá haver morte. É o fim da vida. O seu término. Um estado em que todo o ser já foi. Sendo simples negação, não corresponde a nada.

Numa segunda concepção de morte, ela é passagem. Indicativo de outra vida. Um deixar de existir para um passar a existir. O abandono da finitude e o ingresso na eternidade.

Ora, nesse caso, a morte é vida. Uma segunda vida que põe termo à primeira. Mas que também é sua finalidade maior. Como os anos letivos seguintes, para os que ainda se encontram no anterior. Ou os distintos estágios de uma carreira profissional.

Mas, se a morte é conclusão da vida um e início da vida dois, então é vida. O que configura um absurdo. Ou um ou outro. Não há como ser vida e não vida ao mesmo tempo. Sendo a morte vida, também não corresponde a nada.

A viagem de dona Nilza

A viagem foi novela. De Ivani Ribeiro. Protagonizada com muito brilho por Cláudio Cavalcanti. É livro. J. Herculano Pires. Termo comumente usado para esse segundo entendimento de morte. A alegoria é bela. Muitas vezes associada a momentos alegres. E de alguma ruptura.

Mas essa analogia pode enviesar o entendimento. Ao falar em viagem, fazemos crer em algum deslocamento. Passar a ocupar um lugar diferente do ocupado até então. Mas se o corpo permanece, o que então se deslocaria? Alguma alma que dele se destaca? Para onde?

Na melhor das hipóteses, para cima. É como descrevem alguns que afirmam ter vivido a experiência. Mas há também quem ameace, aos que ainda em vida se encontram, com alguma encalorada e infernal descida. As profundezas nada auspiciosas.

Pensemos juntos nas viagens da nossa vida. Abandonamos nosso lugar de origem. Durante um tempo. Período que pode variar muito. Viagens longas, curtas, bate e volta. E, por fim, regressamos. Todo viajante sai de onde está, muda de lugar e, depois, volta. O corpo se ausenta de onde habitualmente vive, passa a ocupar novos espaços, para depois retornar.

Na analogia com a morte, vale lembrar. O cadáver se desloca pouco. Do lugar onde morreu para um cemitério ou crematório. E não costuma voltar.

Quanto à alma, não há lugar ou espaço para o que é imaterial. Não havendo lugar, não há como deixá-lo. Abandoná-lo. Sair de onde se está. Já que não se está. Apenas se é. Tampouco há temporalidade ou hora no reino da eternidade. Impossível cogitar intervalo ou duração.

Essa advertência sobre os problemas da alegoria da viagem me fez lembrar de minha mãe e seu curto calvário.

Dona Nilza, assim eu a chamava imitando meu pai, viveu seu último dia desta nossa vida num leito hospitalar. Sempre comedida em gestos de carinho, marcou-me a memória quando acariciou meu rosto.

Anunciei, então, a presença da monja, minha amiga, que trouxera para conversar. Pensei num conforto para os últimos instantes, mais do que em algum passaporte conseguido em urgência, já com a passagem na mão.

Dona Nilza, desagradada com a presença de um desconhecido em situação de resguardo, apruma o corpo quanto pode e responde:

— Agradeço muito. Mas vim para este mundo sozinha. E é assim que pretendo partir.

A monja sorri, prestando muita atenção, segura sua mão com rara delicadeza e explica em tom doce e firme:

— Fique tranquila. Não terá mais que se deslocar. O ir e vir do espírito é uma ilusão. Não veio nem irá a parte alguma. Ele apenas é. Aqui e por toda parte. Por isso aceite o amor do seu filho. E minha solidária presença.

O rosto de dona Nilza se apaziguou. Segurou a mão da monja com as suas duas, no esforço maior do frágil agradecimento, esboçou sorriso e suspirou. Pela última vez. Autorizando-se.

Morre-se sem aprender

Para Platão, "filosofar é aprender a morrer". Afirmação repetida por Montaigne. Em tempos diferentes. E com sentidos diversos.

Parece haver algo estranho nessa frase. Podemos pensar juntos. Quando você diz "aprender a nadar", o aprendizado é condição do nadar. Antes do aprendizado, a natação era impossível. Sem ele, também. O aprendizado permite passar do "não" ao "sim". Do não conseguir ao passar a fazer. O mesmo vale para aprender a resolver uma equação do segundo grau, usar uma ferramenta de informática, fazer pão em casa, esquiar etc.

Em contrapartida, na frase aprender a morrer, o aprendizado não é condição. Vamos morrer de qualquer jeito. Tendo aprendido ou não. Tendo filosofado ou não.

Continuemos na analogia. Quando dizemos que alguém precisa aprender a comer, desaparece a condição. Porque o aprendiz já come. Já comia antes. E continuará comendo. Mesmo sem ter aprendido nada. Talvez coma mal. Não come como deveria. Se aprender a comer direito, vai comer diferente. Como nunca comeu. Como não comeria, se não tivesse aprendido.

Caímos, então, no caso anterior. Passamos do "não" comer direito, para o "sim" comer direito.

Estarão Platão e Montaigne se referindo a um jeito certo de morrer? E atribuindo a um aprendizado filosófico a condição para um morrer mais correto? Se for isso, nos perguntamos: o que pode haver de certo ou de errado na hora de morrer? Para isso, convém saber primeiro a que corresponderia, para eles, esse verbo.

Que morte requer aprendizado?

Será a morte biológica? Tipo o coração não bate mais? Cessar da respiração? Morte cerebral? Não deve ser. Não estariam pensando nisso. Afinal, ninguém precisa aprender a morrer biologicamente. O que poderia ser objeto de aprendizado, no que diz respeito à morte, é o seu retardamento. Ou a sua antecipação voluntária. Hipóteses não contempladas pela afirmação dos filósofos.

Se não estão se referindo à morte biológica propriamente dita, talvez estejam pensando no que acontece antes dela. Ou, quem sabe, depois.

No primeiro caso, terá a ver com a sua causa? Ou com o lugar? Com a solidão ou a presença de pessoas? Com os últimos dizeres? Com o reconhecimento dos maus passos? Com a satisfação de um último desejo? Não parece ser o caso. Tudo isso parece tarde demais para merecer uma filosofia inteira.

No segundo caso, o eventual aprendizado para o que vem depois da morte também esgota sua eficácia no antes, supomos. Em alguma preparação. Rituais, preparação do cadáver, transporte para o cemitério, caixão, flores, velório, enterro ou cremação, exumação.

Coisa de gente previdente. Que não quer dar trabalho. Como a dona Nilza, minha mãe. Que pagou zelosamente um seguro funerário completo por anos e, a cada visita, me alertava, para que eu não fosse enganado.

Nada disso parece ser o objeto do aconselhamento dos pensadores. Se a filosofia ensina a morrer, o sentido desse verbo transcende ao propriamente fúnebre.

O problema continua. Sem o significado de morte, a sua preparação filosófica não ganha sentido. Deixemos, então, que falem os pensadores.

O filósofo já está morto

Para Platão, a morte é uma passagem. Que deve ser preparada ao longo da vida. O valor desta última será, portanto, medido pelo tanto que preparou o vivente passageiro a mudar de estatuto.

O que na morte requer tanta preparação? Pensemos juntos sobre o significado desta última. Com a palavra, o cotidiano mais simplório. Preparação, em casa, para a escola. No colégio, para a faculdade. Nesta, para o trabalho. Neste, para uma promoção. Ou para a aposentadoria.

Há algo em comum em todos esses casos. Toda preparação vem antes da performance pretendida que a requer, lhe é exterior e outra em relação a ela. Anterioridade, exterioridade e alteridade, portanto. São seus atributos gerais.

Para Platão, no nascimento junta-se ao corpo – material e finito, que acaba de vir ao mundo – uma alma imaterial e eterna. A vida requer do vivente uma gestão desses dois elementos que o constituem. Tarefa difícil. De grande complexidade.

Corpo e alma enfim separados

Na morte, restabelece-se o *status quo* anterior ao nascimento. O corpo deixa de existir e a alma, porque imaterial e eterna, permanece. Trata-se, portanto, da separação entre ambos. Simplesmente. Se durante a vida permaneceram imbricados, a morte é a hora do adeus.

Eis, para Platão, o que requer preparação. E a filosofia, sua forma mais adequada. Anterior, externo e outro, o pensamento filosófico prepararia, em vida, para esse adeus.

Anterior porque filosofamos em vida, antes de morrer. Externo porque, embora prepare-se para a separação, todo pensamento, filosófico ou não, se dá na presença de corpo e alma.

E outro. Porque a vida prepara sua negação. Simula, na medida do possível, em pleno mundo da matéria, das carnes e dos ossos, das sensorialidades e das percepções, uma existência superior, onde o corpo não mais seria. Onde só a alma remanesce.

Assim, nesse aprendizado filosófico da morte, terá mais sucesso na arte de viver quem conseguir entregar à parte superior – intelectiva e pensante – da alma o comando. A prerrogativa de tomar decisões. De discernir, em meio às infinitas vidas possíveis, a de maior valor. Quanto menos o corpo, com suas carências e desejos, atrapalhar, maiores as chances de uma vida boa.

Isso tudo para Platão, insisto.

Toda vez que a vida se encontra à mercê dos caprichos do corpo há fracasso existencial. Porque o corpo padece. Deteriora-se. Desaparece. Com ele no comando, a vida está nas mãos de um fraco. Fadada ao colapso. A morte representaria, nesse caso, dramática ruptura. Em face de uma vida regida por carências e apetites. Que nunca superou a busca frustrada de satisfação.

O outro da terceira margem

Em contrapartida, se, ao longo da vida, o corpo já estivesse domesticado e controlado, apitando pouco, como dizia meu pai, sua eventual ausência faria da morte um episódio irrelevante. Marcado por singela mudança. Quase imperceptível. A ponto de despertar dúvidas.

Vem à mente o ensino médio. Guimarães Rosa. Mineiro de Cordisburgo. E sua terceira margem do rio. No conto, um sertanejo rude abandona a família e passa a viver num barco. A princípio, mulher e filhos tentam dissuadi-lo.

Os anos se passam. As crianças se casam, vêm os netos. Num último gesto desesperado, a filha leva à beira do rio o seu recém-nascido para apresentar ao avô. Quem sabe comovê-lo. Debalde. Todos desistem, exceto por um único filho que se mantém fiel às cada vez mais raras aparições do pai.

Um dia teve certeza: o pai estava morto. Entendera afinal que se retirara para isso. Para se preparar. Despojar-se de todas as coisas. Levara anos, mas só aquele filho entendera.

Na agudeza de sua constatação, o desejo de seguir o pai:

"— No artigo da morte, peguem em mim, e me depositem também numa canoinha de nada, nessa água que não para, de longas beiras: e eu, rio abaixo, rio afora, rio adentro – o rio".

Não foram poucos os sábios a sugerir que, em vida, já se encontravam meio que mortos. Que quase nada mudaria. Que a alma continuaria senhora soberana, como sempre tinha sido. Que o desaparecimento do próprio corpo seria irrelevante. Que o verdadeiro filósofo já estaria morto. Essa última é frase de Platão.

Urgência coirenta do eterno

Filosofar é aprender a morrer. Frase de Montaigne. Filósofo de 1500. Um nobre que comentava as coisas do seu cotidiano. Quase como um diário. Pra lá de sofisticado, é bom que se diga. Escrevia para si mesmo, sem jamais pretender publicar.

Como se sabe, seus textos acabaram publicados em três tomos. Hoje são peças clássicas da história do pensamento humano.

Pois bem, o vigésimo ensaio do primeiro livro tem como título "Filosofar é aprender a morrer". A mesma frase de Platão. Mas com sentido completamente diferente. E por quê?

Para Montaigne, a morte não é uma passagem. É apenas o fim, o ponto-final, um deixar de ser, um acabou. Se para Platão o valor da vida estava na qualidade filosófica da preparação da morte, para Montaigne, a morte inexorável e a vida finita conferem raridade aos seus instantes. Portanto, valor.

Veja com que simplicidade e elegância Montaigne se justifica: imagine que você pudesse viver para sempre. Rapidamente, perceberia que não há mais razão nenhuma para grandes esforços imediatos.

Nesse caso, melhor seria sempre deixar para amanhã tudo o que poderia perfeitamente ser feito hoje. Haveria indolência, letargia, inanição, preguiça, coíra, como dizem as gentes do Maranhão, que tão bem dominam nosso idioma. Uma radical falta de urgência.

Assim, a certeza da finitude constrange. Força o despertar. Determina empenho. Motiva a realização. Traz para a vida um senso de urgência temporal ausente em qualquer eternidade.

A vida e suas filosofias deixam de ser aqui a preparação para uma passagem que não existe. São o que há de maior valor. Não são anteriores a nada de mais especial. Tampouco exteriores e muito menos outras, portanto.

São tudo que há. Do nascimento à cova. E ponto-final. Filosofias em vida, na vida e para a vida. A única que temos. E que vai se ajeitando. Num barco construído em plena navegação. Tendo a morte como bússola. Porque nada na vida seria como é se não tivéssemos a certeza da sua finitude.

Para essa concepção de morte com término, com o "*the end*", uma nova concepção de preparação. Aqui, a filosofia ensina a morrer porque prepara para viver da melhor maneira possível, enquanto vida houver.

Futuro grandioso na morte iminente

Em "A noiva", de Anton Tchékhov, Sacha é um rapaz idealista que decide abandonar as terras da família para se dedicar à medicina. Ciente de sua doença terminal, viaja uma última vez ao interior para convencer a melhor amiga Nádia a abandonar o destino do casamento por uma vida cheia de possibilidades em Moscou.

Quando o amigo morre, Nádia se muda de vez e passa a estudar na capital, deixando para trás o noivo e a mãe, a quem Tchékhov confere uma personalidade fraca, opaca, em contraponto à corajosa figura de Sacha.

Anton Tchékhov sofria de doença incurável. Como médico, sabia o que a tuberculose significava na sua época. Mas fez da raridade dos dias remanescentes seu maior combustível. Aprendeu a viver na pior das penúrias. A dos minutos e segundos. Fez triunfar os tempos da alma ante os do mundo. Acuou os ponteiros do relógio com potência, intensidade, alegria e até esperança.

Em "A noiva", usou como seu porta-voz o próprio Sacha, que expressava sua certeza de que alguma coisa poderosa estaria para acontecer, de que haveria mudanças significativas, de que um futuro grandioso se desenhava para a Rússia. Algo que para ele tinha ainda contornos indefinidos. Mas que, do interior de um sanatório, fez questão de registrar. Tchékhov morreu em 1904. No ano seguinte da publicação do conto.

O pensamento sobre a vida – em Tchékhov ou em qualquer um de nós – está condicionado, como que emparedado pela sua finitude. Assim como tudo que passa pela mente sobre a morte é produção imanente de forças vitais. Se tudo em vida carrega a marca indelével da finitude, tudo sobre a morte tem a vida como condição, combustível e razão de ser.

Capítulo 4

Banalidades do mundo

Ao nascer fomos largados no mundo. Com corpo e alma singulares. Condenados, portanto, a encará-lo como ninguém o faz. Nem nunca o fez. A solidão é absoluta. Ninguém vê o que vemos. Nem com os mesmos olhos, tampouco na mesma perspectiva e distância. Nem ouve o que ouvimos. Nos gostos, olfatos, tatos e atritos, as sensações também serão sempre as de cada um.

Mesmo nas relações entre nós, nunca poderei sentir o seu prazer ou desprazer na leitura dessas páginas. Tampouco você poderá sentir o que estou sentindo na elaboração do discurso e posterior digitação dessas linhas. Cada qual com suas sensações.

E não adiantaria me tocar. Com os dedos ou com a boca. No tratamento dentário, a dor é nossa. Sorte do profissional da broca. Só superada pela do atacante que, cobrando falta com força na barreira, fez colidir a bola chutada com outras, em dor asfixiante e exclusiva do defensor.

Em orgasmos simultâneos, sonho dos apaixonados, quando alcançados de verdade, terão sido apenas ao mesmo tempo. Nunca o mesmo. Por isso, dois. Cada um radicalmente com o seu. Zero de acesso ao gozo do outro.

É nessa solidão absoluta que o mundo nos afeta. De infinitas maneiras. Uma delas nos interessa aqui. Bem de perto. Quando, sempre solitários, supomos que algo no mundo possa nos fazer bem. Preencher uma lacuna, talvez. Completar uma falta. Ou apenas nos encher de vida. Potencializar.

Esse mundo acabará determinando em nós atração, desejo de proximidade e, quem sabe, de posse. Chamemos de tesão o que antes já chamaram de Eros.

Caprichoso *versus* garantido

Pode-se atribuir o tesão pela vida ao café, ao tabaco, ao álcool ou a qualquer outra substância extasiante ou excitante. Às pessoas belas e/ou inteligentes, que encantam, enternecem, atraem e divertem de todas as formas. Também a lugares diferentes, com belas paisagens, onde já estivemos ou sonhamos visitar.

Tesão também pela casa que já é própria. Ou por aquela da rua Jandira, que será nossa um dia. Pelas coisas que temos. E por todas aquelas que um dia teremos. Um tablet novo, porque esse que estou usando caiu de quina no chão, na calçada da rua Fidalga, abrindo um dente que me impede de acionar os botões externos.

Tesão pelo nosso trabalho. E pelo dinheiro que ele nos permite obter. Seja em forma de salário, mais garantido e todo mês igual, seja em negociação mais livre, caso a caso, menos rotineira e assegurada, mas que pode proporcionar uma mordida mais caprichosa.

Tesão também por toda ação transformadora do mundo. Pela busca da superação, do aperfeiçoamento, da excelência, em suma. Pela instituição em que se realiza, pelas pessoas envolvidas, seus espaços profissionais, troféus, posições de poder, consagrações.

A aula do cara é um tesão

E assim vamos carimbando mundos com T grande. Glaucia é um tesão. Juro que não conheço nenhuma. Armando, que tampouco tive o prazer, também o é, na opinião de Gardênia Salgado. Novela antiga no canal Viva, então! *Tieta*, *Baila Comigo*, *O Cravo e a Rosa*.

O último do Almodóvar. O livro sobre felicidade do Cortella, Karnal e Pondé. Carpinejar falando do pai. A aula do Gofredo, do Heródoto, do FT. O amor de Florentino, nos tempos do cólera. Madame de Renal. Pizza da Carlito's. Arroz do cerrado com pequi. Geleia de mocotó com amendoim. Gol a gol com o Ronaldo. Portugal. O Porto. Matosinhos e Lavra. Um tesão.

Por mais que essas frases brotem no nosso cotidiano, cumprindo sua função de comunicar a quem interesse os mundos pelos quais temos apreço, o tesão não corresponde a nada disso: nem a químicas, nem a drogas naturais; tampouco a pessoas, suas obras grandiosas, suas personagens inesquecíveis. Menos ainda a guloseimas de toda espécie.

Nenhum tesão nas coisas, imóveis, móveis, automóveis e semoventes. Nem em locais, empregos, cargos, funções, condecorações, espaços funcionais etc. A lista poderia ir longe, esgotando rápido as paciências mais encurtadas. Mas por que não?

Sem um de nós é banal

Porque tudo isso mencionado em lista, enquanto tal, sem a nossa presença, apenas é o que é. Junto de todo o resto do mundo que não coube no parágrafo. Realidade sem sentido e sem valor. Banal, portanto.

Passará a ter algum sentido e algum valor se e quando estiver em relação conosco. Ou com alguém. Na exata medida em que nos afetar. Atribuiremos, nesse caso, valores positivos a tudo que nos fizer bem. Agradar, alegrar e elevar a nossa potência. E valores negativos às coisas do mal. A tudo que nos apequenar.

Agora, sim. Com valor, o mundo poderá ter alguma importância. Abandonando, nesse caso, sua banalidade.

Em outras palavras. Se há algum sentido e valor nas coisas, será sempre para nós, atribuído por nós, em função do que nos acontece de bom e de ruim na hora de encará-las.

E o que pode nos acontecer? Bem, um pouco de tudo. Mas, em última instância, sempre sensações. Se alguém nos rouba, além da subtração material acompanhada de alguma violência, haverá tristeza. Se a cama agride a canela, além da fratura do osso, haverá dor. Se o elogio inesperado e cheio de reconhecimento é enunciado pelo superior, além da promoção, haverá vaidade. Ou só alegria, quem sabe.

E se formos nós mesmos a flagrar em nós algum atributo ou performance que nos ponha pra cima, sentiremos orgulho. Se nos vier à cabeça algo bom, aí pelo mundo, que possa nos acontecer ou já tenha acontecido sem que tenhamos confirmação, a sensação será de esperança. Mas se, ao contrário, a ocorrência cogitada nos apequenar, haverá temor. Medo do mundo imaginado que possa nos agredir.

Pode também rolar saudade, raiva, amor, ódio, excitação. Etc. etc. etc. A lista é extensa. Mas o que propomos aqui é claro e simples. Para o bem ou para o mal, é pelo que sentimos ao interagir com o mundo que o arrancamos da sua mais estrita banalidade. E por essa ele ficará nos devendo. Sem nenhuma chance de quitar sua dívida.

A materialidade do tesão

Mas em que consistem propriamente essas emoções? Qual é a sua materialidade?

O tesão, isto é, o Eros em cada um de nós, é energia. Essa mesma que nos move agora. Meus dedos que digitam. Os seus que seguram o livro. Energia que nos anima. Sem um tiquinho de trégua. Sem ela, não há vida.

Ora imensa, na euforia, por exemplo, ora operando no modo econômico, em melancolia ou num simples borocoxô. Ora focada em alguma operação, como agora, escrevendo isto que você lê, ora dispersa ou difusa, falando ao celular com clientes, dirigindo e mandando a criançada ficar quieta.

Ora bem gerida em face dos tempos e ritmos das atividades, como a agenda de palestras organizada com esmero pela Regina, ora explosiva, em ímpetos de curto alcance, mandando a agenda da Regina às favas.

Essa vida, com um Eros que sobe e desce seja como e por que for, se dá no mundo. Na relação com ele. Por mais que alguma gente inteligente recomende retiro, isolamento, voltar-se para si mesmo, mergulhar no próprio interior, procurar seu eixo profundo, ainda assim não haverá um segundo de vida sequer fora do mundo. Tampouco em imunidade absoluta a ele.

Quem crê dele fugir apenas troca de mundo percebido. Isso também é muito bom, interessante, original. Acho que vale explorar mais.

A origem do banal

A banalidade apodrece a vida e escraviza o vivente. Despreparados para lidar com as próprias emoções, somos adestrados a considerar o mundo por ele mesmo. A nos iludir com seu valor imanente. A desmerecer o que sentimos em reverência ao que todo mundo acha bom. Ao que cai bem. Ou, ainda, ao que possam dizer de nós. Ou ao que, desde sempre, acreditamos ser.

Pouco importa o tédio mortal que sentimos ao ouvir Mahler ou assistir ao balé clássico. O valor de ambos já nos chega pronto e estabelecido. Por gente autorizada para defini-lo. Legitimada para consagrá-lo. Por isso se impõe ao nosso afeto. Tiraniza nosso corpo.

Se, por acaso, chegarmos a nos rebelar, seremos punidos. Advertidos. Por não passarmos de criaturas toscas. E de mau gosto.

Fazer da própria vida um festival de banalidades e do mundo uma grande vitrine com seus preços já etiquetados nada tem de muito natural. Prova é que nos primeiros tempos de fraldário, quando nossa natureza primeira ditava o tom da vida, o afeto era soberano.

Com fome, desejo de comer, mandávamos ver no choro e na gritaria. Sorríamos atraídos pela mamadeira. Na saciedade entendida, regurgitávamos. Para, em seguida, dormir sem pudor.

Se passamos a engolir o choro, a resistir ao sono, a fingir indiferença, a suportar o insuportável porque pega bem, ou até mesmo a nos alegrar de verdade com o mundo de valor imposto, tudo isso se deu pelas mãos sutis do cotidiano, com toda a neutralidade que o dia a dia sabe bem aparentar.

A dominação do banal

Fomos nos deixando civilizar pelo cinzel do mais banal. Pela ironia do camarada de vagabundagem, fiscal de boteco que, na galhofa, corta fininho e faz ruborescer. Pelo capataz que lambe botas na casa-grande e açoita com chicote toda autenticidade em senzala.

Mas também pelo aplauso que denuncia o bom gosto. Ou a pertinência das escolhas. Pelo discurso bonito que ilumina o brilho da trajetória. E relembra o valor dos troféus alcançados. Pelo incentivo que enaltece a ambição sadia dos projetos em curso.

Vale de afago à surra, na palmilha do mais banal, a formatação ortopédica que corrige toda inclinação transgressora. Porque a banalidade deve terminar vencedora. Acaba ganhando. Tem direito adquirido. Já estava o mundo bem-posto quando irrompemos em abrupto. Sentar na janelinha nem pensar, você que chegou agora.

E tudo isso só funciona bem se não nos dermos conta. No escondidinho do despercebido. Na platitude da evidência. Na ululante obviedade. Por isso, nada de estardalhaços. Menos ainda de exceções. Toda ruptura chama muito a atenção.

O mais eficaz para jogar no banal em doçura é apostar no dia a dia. Todo dia. Na anestesia da constância. Na hipnose dos ponteiros. Na repetição dos ritos. Na legitimação pelo procedimento. Afinal, qualquer dominação será tanto mais eficaz quanto menos for percebida como tal. Imagine que desgastante seria ter que ficar batendo a cada rebeldia!

Banalidades banais

No banal de todo dia, ela deveria estar pronta, antes que o marido voltasse do trabalho. A saia bem passada aguardava sobre a cama. No cantinho da penteadeira, os brincos separados eram de pérola. Poderia agora escolher a blusa, e que fosse marrom. Mariana era uma mulher castanha.

Quando Alcides chegasse, ele a ajudaria a se vestir. E sairiam de braços dados. Havia muito tempo não faziam isso. E agora que ela estava novamente boa, poderiam finalmente visitar o casal de amigos que morava em Santa Tereza. Casados há pouco, Leninha e César eram vizinhos do antigo bairro.

Mariana e o marido moravam agora na Tijuca. A casa nova agradava pelo enorme fícus que dava à fachada modesta um ar solene. Durante a visita, a paz de Alcides, esquecido da vida, folhear as revistas de César enquanto ela se dava com a amiga.

Submissa à sua autoritária bondade, recebia de novo seu vago menosprezo e não mais a mera curiosidade complacente dos tempos de enfermidade.

Vestiu-se. E antes de se assentar na velha poltrona da sala, lembrou-se de repassar a lista de tarefas do dia seguinte.

1) Varrer novamente o alpendre. O fícus na calçada está enorme, será preciso cortá-lo. 2) Fazer a lista de compras. 3) Pedir à Joana que passe as golas de seus vestidos. As golas de renda ela mesma fazia. 4) Os sapatos! Precisava voltar ao quarto.

Voltou. E agora, assentada em frente à penteadeira, lembrara-se de que não havia alimentado a gata. Olhou-se no espelho: os cabelos presos com grampos atrás das orelhas davam-lhe um ar doméstico. Talvez, com aquelas golas, parecesse um menino de antigas fotografias. Pegou os sapatos e caminhou até a cozinha.

O médico recomendara pelo menos quatro copos de água por dia. Não entendia muito bem as ordens médicas que pareciam se anular. De um momento ao outro passava do rigor extremado e metódico à frouxidão permissiva:

— Abandone-se, não pense mais no que passou!

Do que Mariana gostava era o método. Desde a época do colégio. Leninha muito ousada, um furacão de destemor, e ela, preocupada em se manter um pouco lenta e muito limpa. As unhas, principalmente. Mas sabia que a amiga não a admirava por isso.

Voltou à sala. Observou que um bibelô estava fora do lugar. Diferentemente de Leninha, que fazia de tudo que tocava uma extensão dela mesma, Mariana cultivava um gosto especial por manter a impessoalidade dos seus gestos em casa. Mesmo quando estava sozinha.

Ajeitou delicadamente o objeto com a ponta de um dos dedos enquanto ouvia o portão abrir. Era Alcides. Logo estaria salva.

— Vamos! — disse com os olhos cravados nela. Toda vez que chegava em casa era como se quisesse acordá-la de um sono profundo.

Arrumou-se. Ela lhe ajeitou o paletó antes de saírem. Mariana era baixinha, ele muito alto. Mas agora estavam juntos na rua. De mãos dadas, e tudo ficaria bem de novo.

— A gata! — não a havia alimentado. Abriu de novo o pequeno portão que dava para o alpendre, subiu as quatro escadinhas, a gatinha a esperava na porta.

— Sua danada! Quase te esqueço.

De volta à rua, Alcides a esperava. Ela teve um ímpeto e passou a mão pelos cabelos grisalhos do marido. Tão bonito, tão cansado e tão triste.

Antes de dobrarem a esquina, pequenas bolas de pelo da gata resvalaram pelos degraus da varanda, como se quisessem alcançá-los.

Alcides e Mariana protagonizam banalidades. Mas essas nem sempre são tão prosaicas. De cotidiano assim, tão comezinho. O banal pode vir revestido de pompa. De distinção social. De capital simbólico. Cheio de arrogância e certezas sobre si mesmo.

Banalidades de erudição

O bule só está pleno quando vazio. Eis a mensagem que indicavam ideogramas encontrados por um professor universitário em visita a um monge em templo no Japão.

O docente era desses aclamados. Catedrático de universidade quase milenar. Onde o mundo inteiro quer estudar, ou lecionar. Vastíssima produção. Com participação aplaudida nos mais prestigiosos congressos. Conhecido em todo o Ocidente como especialista em filosofia e ciências da religião.

Em trabalho no Japão, pediu a um colega que o levasse a um templo budista, onde encontraria um conhecido monge. O professor japonês que o conduziu também serviu de intérprete. O monge recebera ambos para a cerimônia do chá. Era quando então o professor faria suas perguntas, tiraria suas dúvidas, mataria suas curiosidades.

Ao chegar ao templo, foi logo identificando adornos, propondo interpretações, fazendo inferências, relacionando com o que conhecia. Tendo lido quase tudo, tinha muito que pensar e dizer sobre o que via. E como costuma acontecer a docentes, ia enunciando em discurso tudo que o repertório permitia costurar.

Então, chegaram ao local onde estava o monge, que os recebeu com simplicidade e gentileza. Iniciou assim a cerimônia do chá, respeitando delicadamente todos os seus passos.

O professor, sem querer perder a oportunidade que era a de estar diante de uma autoridade budista, foi logo fazendo perguntas. Dizendo-se particularmente interessado pelo conceito de vazio. A vacuidade.

Em desfile ensimesmado de erudição, não se abalou com o monólogo. Indagou sobre sua origem propriamente oriental. Propôs paralelos com conceitos da filosofia ocidental. Sugeriu pontos de tangência entre os gregos e o que houvera lido na literatura budista.

Parlapatão, emendou, por minutos a fio, uma pergunta na outra. Seu colega, o professor japonês, constrangido, ia em tradução seletiva: uma frase em cada três. Caprichando nas fórmulas de polidez para diminuir o impacto daquele comportamento inadequado.

O monge, impassível, como se em meditação solitária estivesse, seguia seu ritual. Passo a passo.

Vítima de hábitos incorporados em outros tipos de templo, seu pedante convidado agia como só poderia. Lembrava sua própria produção, destacava a excelência de alguns de seus artigos, os prêmios que recebera, os pontos fortes de sua trajetória, em suma. Até que o chá finalmente ficou pronto. E, ao servi-lo, o monge deixou transbordar o líquido na xícara.

O professor, então, num primeiro instante hesitou sobre o que fazer. Finalmente, interrompendo sua inoportuna exposição, avisou o anfitrião sobre o derramamento do líquido.

Este, então, sorriu devagar. E tomou a palavra pela primeira vez.

— O chá na xícara é como seu espírito. Já está cheio, no topo. — E prosseguiu: — Como quer que eu possa acrescentar alguma coisa?

Passeando pelo mundo, mesmo bem longe de sabichões autorizados, o que mais encontramos são indivíduos cheios de certeza, com espíritos rasos e transbordantes. Gente que já crê saber. Até em diálogo formal, conservam-se fechados em face do interlocutor.

Mesmo quando carentes de informação, indagando, pedindo ou até clamando pelo que o outro tem a dizer, estendem suas xícaras cheias de verdades. Entulhadas de informações. Entupidas de conhecimentos. Sem espaço para colher o que está para ser dito.

Postura blindada. Insegurança que repudia o mundo desenquadrado. Medo do inédito. Do insólito. Do imprevisto. E de todas as sensações que possam determinar em corpos e almas ensimesmadas na covardia.

Que fique bem claro. Não há aqui nem uma gota de denúncia ou condenação. Pelo contrário. Pra lá de compreensível e justificável a postura retranqueira. A alegoria de um saco de pancadas em face de um mundo incansável e de infinitos golpes mortais me parece doce para o que pode ser a vida de alguém que, por princípio, enxote toda banalidade.

Para além do banal

Em muitos instantes desse último meio século, a somatória de tudo que me afetou foi francamente negativa. Produzindo sensações mais para desagradáveis. Queda de potência. Renúncia provisória e parcial a continuar resistindo. Desistência momentânea de insistir. Tristeza reinando soberana.

Entre todos esses incontáveis instantes, muitos "saíram na urina", como dizia meu pai. A memória do coração parece mesmo dar primazia às boas lembranças. Eliminando primeiro as mais dolorosas.

Sem esse artifício, o passado seria insuportável. Registros deslocados para fora da consciência. Expulsos da mente. Cuidadosamente recalcados. Convidados a se retirar com firmeza e discrição.

E faz sentido. Se tudo na vida é esforço para perseverar no ser, algo em cada um de nós luta para tirar da cabeça o que apequena, machuca, faz sofrer. Pondo outra coisa no lugar. Um pouco melhor, de preferência. Minha avó, já vivida, previa um pouco diferente: na tentativa de curar a tristeza de um abandono, costuma vir outro pior.

Algumas tristezas parecem mais resistentes. Fazem lembrar David Hume, que compara os afetos à harpa (instrumento de corda), e não à corneta (instrumento de sopro). Sim, porque os efeitos do mundo sobre nosso corpo duram mais tempo do que o dedilhar que lhes deu causa. Ao passo que a corneta só soa enquanto houver sopro.

O mundo nos afeta, e a harpa de nossas sensações segue vibrando por mais tempo.

Tristeza *top one*

Há, para mim, e aqui falo mesmo só de mim, um tipo de tristeza dura de digerir. Não são as dores físicas. Tampouco os grandes e numerosos fracassos que pude protagonizar. As rejeições – em especial as amorosas –, essas também sempre as tirei mais ou menos de letra.

Para mim, a tristeza grudenta por excelência surge em situações nas quais – ao agir – poderia ter considerado a presença de alguém e não o fiz. Causando, por isso, tristeza, desconforto, dor e, sobretudo, arrependimento.

Um pedido de perdão sincero não basta para aliviar minha barra. Fico com aquilo engasgado. Ser causa da tristeza do outro – por falta de atenção, preguiça, comodidade, ou por conta do atropelo egoísta na caça dos pequenos sucessos do cotidiano – e ter plena consciência disso produzem em mim um afeto brochante e de vibração duradoura na harpa de minhas emoções.

Por isso, quando me perguntam sobre o que há a lamentar, respondo sempre que – nas inúmeras decisões que já tomei – ter podido ser menos entristecedor e não ter aproveitado a chance é, sem dúvida, o que mais lastimo.

Assim, aprender a considerar a presença de quem quer que seja como um potencial afetado pelas minhas decisões práticas representou um primeiro importante passo para a busca de uma vida feliz em qualquer coletivo de que faça parte. Sinto-me muito bem toda vez que uma intervenção minha afeta alegremente. Seja quem for. Empatia, simpatia, amor. Chame como quiser.

O céu é gratuito

O que há de tão fascinante no céu? Por que me pego, em tempos de eternidade, com o pescoço torto? Olhando para cima? Tentando contemplar o que a nuvem da cegueira borra? Por que, mesmo antes, em tempos de visão perfeita ou corrigível por lentes, o céu sempre foi tão tentador? Tão atraente?

Nada de francamente espetacular pode ser esperado naquele azul, onde, quando muito, veem-se alguns pontos brilhantes, uma bola branca, outra mais amarela e incandescente com alguns tufos de algodão. Nada comparado às telas. Nada comparado às cidades.

Ali no céu tudo é meio previsível. De onde, então, tanto fascínio? Talvez a busca do que permaneça. Desespero por algum freio de mão aparente. Algo que interrompa ou, pelo menos, desacelere os encontros com o mundo. Uma certa sensação de que, olhando para o céu, nada de francamente terrível poderá acontecer. Uma vontade de permanência num mundo de fluxo, uma vontade de verdade num mundo *fake*.

O céu traz a garantia que o mundo desmente. Traz a segurança de que o mundo zomba com suas agressões. Seus ângulos, suas lâminas, seus ácidos e suas vidas.

Dumas, sim, porque eu gosto

E um romance me veio à mente. *O Conde de Monte Cristo*, de Alexandre Dumas. 1844. Leitura de tempos escolares. Das melhores. Gratidão à madame pela indicação. Era assim que chamávamos a professora Aracy, de francês.

Mais tarde vim a saber que o autor não figura nos circuitos mais seletos do esnobismo literário francês. Mas, como banalidades nem sempre triunfam sem resistência, eu, Clóvis, na época com meus 12 anos, no Colégio São Luís dos jesuítas de São Paulo, gostei foi muito da leitura. Fica o registro.

Aqui, o futuro do jovem marinheiro Edmond Dantés parecia promissor. No entanto, a conspiração de três inimigos invejosos ocasiona sua prisão por catorze anos. Não em qualquer prisão, é claro, mas a pior delas, o Castelo de If, arrodeado de mar, uma fortaleza.

Nos primeiros anos, privado de qualquer contato humano, Edmond quase enlouquece, tentando inclusive o suicídio.

Sua sorte, no entanto, é mudada quando um velho clérigo, também prisioneiro, invade sua cela por acaso, enquanto tentava escapar pela tubulação de esgoto. Seu primeiro pedido desesperado é para que o padre o erga nos ombros. Assim poderia mirar o céu, que não via fazia dez anos.

No reencontro com as estrelas, epifania. Seu deslumbramento é descrito por Dumas com singular beleza. Crucial para recobrar-lhe as forças e planejar um dos maiores enredos de vingança da literatura universal.

O céu de Serra Negra

Há vários séculos, muito antes de qualquer civilização, algum bicho a caminho do humano olhava para o céu. O que via era muito parecido com o que se apresenta aos meus olhos da cabana de Serra Negra.

Pontos luminosos, bolas de tecido alvo e de fogo, formas de algodão em trânsito. Esse que lá atrás via o que eu vejo, se baixasse a mirada e olhasse mais para perto de si, provavelmente não encontraria nada de semelhante ao hoje das coisas.

Dessa forma, com o mundo mutilado, transformado, retalhado, adulterado e mexido, sobrou mesmo só o céu para nos aproximar das experiências de nossos antepassados.

Mas que fiquemos com os olhos bem grudados e não deixemos os ruídos dos motores, dos celulares, dos sinos das igrejas e dos maquinários das fábricas interferirem, em sinestesia, na nossa contemplação.

Quando vamos nos perguntando do valor das coisas, só encontramos a vesga investigação sobre sua utilidade. O inútil não presta para nada. Deve ser descartado. E o cacoete de pensamento se impõe, com a força da obviedade, que impede toda crítica. Só tem valor se serve para alguma coisa.

E, sem saber direito ante que senhor se encontravam de joelhos, os adultos educadores de mil tipos nos ensinaram a costurar as coisas entre si. Isso serve pra isso, que, por sua vez, serve pra aquilo, e pra aqueloutro, e assim sem fim. Desgraçado fim do colírio depois que os homens já não tiverem olhos.

E quando o cansaço cobrava alguma lucidez, só restou perguntar: mas, e o todo? Este está a serviço do quê? Serve para quê? Se amarra onde? Em que gancho se escora? Não é possível que todas as amarrações sejam tão totalmente fictícias. Como se déssemos um nó em um barbante da bexiga, para não subir, em outro barbante de bexiga, que sobe também.

E aí, já regurgitando, constatamos que, aqui embaixo, bem longe do céu de Serra Negra, o todo flutua. Não serve para nada. Está desamarrado. Por já ser o todo, não haveria mesmo onde amarrá-lo. Se houvesse, não seria todo. Sem utilidade, sem valor, sem sentido.

Despencados das nuvens, em desespero nauseado, pusemo-nos a escavar com as mãos da angústia e as unhas quebradas do desespero. Haverá de ter algum chão confiável. Algum sólido de referência. Que nos arranque deste flutuar perturbador.

Memória e solidão

Aos 54 anos, às vezes me ponho a investigar sobre o elo remanescente às outras fases da vida. Para além da memória sobrou mesmo pouca coisa. Não sou dos que têm amigos desde o primário. Muita gente já morreu, as instituições ruíram e as que ainda estão de pé mudaram tanto que denunciam mais a ruptura que qualquer resgate.

E mesmo as pessoas que existem desde sempre e que continuam aparecendo de vez em quando; mesmo elas pouco ou nada têm a ver com as experiências já vividas, com os registros pretéritos. Seus nomes, seus apelidos, e olhe lá. O resto é morte em vida. Devastação. Mas também renascimento, para os abençoados que reparam na parte cheia do copo.

A solidão da existência reside na singularidade radical dos afetos, nas relações imediatas do tempo presente. Como na dor que o dentista não sente. No orgasmo gritado de quem nos recebe. Na alegria infantil com a bola grande. Na desolação sem causa aparente. Tudo exclusividade absoluta de quem sente. Compartilhamento zero.

Mas essa solidão, que é a própria condição da existência, não dá as caras somente no mais imediato da vida vivida. Também grita de ensurdecer no desencontro dramático com o passado. Na corda saudosa que ainda vibra pelo dedo já enterrado do harpista apaixonado. Na retina coladinha refletindo com precisão a luz da estrela inexistente.

Um beijo roubado (*My Blueberry Nights*), de 2008, traça um retrato melancólico daquilo que perdemos para sempre.

O cenário é Nova York. Jeremy (Jude Law) administra um pequeno café. Um dia, a doce Elizabeth (Norah Jones) descobre que seu namorado a traíra lá. Zangada, rompe o namoro e deixa as chaves do apartamento com Jeremy, caso o pula cerca as quisesse de volta. Aquele café era famoso pelo grande pote, onde chaves se acumulavam, de muitos desfechos semelhantes aos de Elizabeth.

Numa noite comum, já no fim do expediente, chega ao restaurante a ex-namorada do próprio Jeremy, desaparecida havia anos. Ao perguntar por uma possível chave, a resposta do ex-amado retumba:

— A chave continua servindo, talvez a porta ainda esteja aberta. Mas eu não estarei mais lá.

A busca desesperada por cordas que ainda vibram na ondulação resistente e sustentável de um dedilhar tão distante, esta se vê fracassada. A harpa é grande, mas as cordas estão inertes. Tão dramático é o desaparecimento do mundo que as dedilhou um dia.

Um mundo que desaparece sem deixar rastro, em meio ao limbo sem chão das memórias borradas. O vínculo salvador que pode costurar o que não somos mais ao que sobrou de nós será afetivo. Daí o interesse pelo amor. Único capaz de nos arrancar da banalidade útil.

Amor estilhaça

Parece que em qualquer amor há um querer. Que só se realiza à medida que alcança seu objetivo. Mas sempre que o amante alcança a amado, este se lhe escapa. Liquefez-se, escorrendo entre dedos? Sublimou-se, talvez? Não há freio nem abismo. Não há muralha nem obstáculo. É a própria natureza do querer que dissolve o querido. Como se a força do amor fosse tal que, ao encontrar o amado, o estraçalhasse.

É tamanha a falência, tão retumbante a frustração, que só resta idealizar. Proteger na mente o ser amado da volúpia avassaladora do afeto amoroso.

Em *Guerra Fria*, filme mais recente do premiado polonês Pawel Pawlikowski, uma cultura, um país e um casal de amantes estão no epicentro do grande conflito ideológico que marcou a segunda metade do século XX.

O casal em questão se conhece no final da década de 1940, quando se forma na Polônia um grande grupo de música e dança tradicional patrocinado pelo governo socialista do pós-guerra. Ele, Wiktor (Tomasz Kot), é pianista e arranjador; ela, Zula (Joanna Kulig), cantora e dançarina.

Os encontros e desencontros do casal reverberam não apenas o conflito entre capitalismo e comunismo, anunciado desde o título, mas também entre arte e política, cultura popular e cultura oficial, desejo e pragmatismo.

Zula, impetuosa, apaixona-se de forma avassaladora pelo circunspecto Wiktor, vinte anos mais velho. Mas, nas raras oportunidades em que suas vidas se encontram, a relação não prospera. A personagem de Joanna envelhece, perdendo sistematicamente a jovialidade e a audácia que a caracterizam. Culpa Wiktor, tornando-se uma mulher fraturada, em espiral decadente.

Nele a mudança parece menos grave, mas sua personalidade introspectiva esconde melhor apenas a amargura e a infelicidade em que sobrevive.

Nem juntos, nem separados.

De forma contida, acompanhamos e sentimos, pela pulsação dos gestos, na orquestração dos olhares, nas inflexões de voz, que ali uma história de amor fadada ao fracasso confinou também a vida de seus esplêndidos protagonistas ao desespero, conduzindo-os ao trágico, romântico destino suicida.

Capítulo 5

Chamados da humanidade

Já era 2019 quando chegou o convite: a Pastoral Carcerária pedindo uma palavrinha aos presos do Cadeião de Pinheiros.

Aceitei por dever. De cidadão. Mas não só. Havia ali um desses frequentes chamados de humanidade. Quando somos lembrados do time que integramos. Dos que no passado estudaram, pensaram, lutaram, enfrentaram e morreram em nosso proveito. Dos que ainda o fazem, e nos ajudam a resistir, suportar e seguir vivendo.

No dia marcado fui recebido já no portão de acesso da rua pela alta direção. Como um príncipe, saliento: elegância, polidez, educação refinada. Mais que isso: todo gesto simpático para me deixar à vontade. Um café na sala do diretor-geral e incontáveis palavras de gratidão sincera.

Pra lá de trinta minutos da chegada, conduziram-me ao local da palestra. No caminho, a amabilidade de meus anfitriões encobria em parte o barulho triste e definitivo das gigantescas portas de metal azul. Eram muitas. Iam se fechando por trás. Num ajuste seco. Sem folgas.

A última permitiria, enfim, o acesso ao pátio.

Ali, o sol das 14 horas ia firme. Calor de verão tardio. A cena quase toda desenhada. No palco, um microfone num pedestal, uma mesinha de apoio com água e flores.

Logo à frente, bem próximo, as primeiras fileiras, com poucas cadeiras, a serem ocupadas pelas autoridades que me acompanhavam. Seguidas de um cinturão de agentes de segurança interna e, finalmente, uns quinhentos detentos. Sentados lado a lado, em fileiras mais longas. Ocupando espaço largo da minha visão.

Do meu ponto no palco, a vista de um auditório em funil. Com conteúdo em três camadas, bem demarcadas, de substâncias diferentes. Em seus uniformes negros dos ternos, cinza das fardas e brancos. Mistura indistinta de todas as cores, cobrindo o pudor de todas as angústias.

O tema, esse fora o sugerido por eles, o carro-chefe, o mais pedido: a vida que vale a pena ser vivida. No atropelo da rotina mais que diária de enunciador de palestras, topei no automático. Pra me ver livre de um *call* pelo celular, na fila do caixa da padaria.

Já em posição, aguardei ser anunciado. Poucos segundos para considerar a situação, agora com a bola rolando. Em pleno campo de jogo. Mais próximos e visíveis, as autoridades e os policiais. Para esses, as palestras são corriqueiras. Nenhuma ruptura.

Mas não era por eles que eu estava ali. Não desta vez.

O inédito desafiador ocupava o fundão. Rostos que qualquer um divisaria com nitidez. Corpos justapostos e cobertos com tecido igual, convertidos em mancha indistinta na cegueira parcial do palestrante. O silêncio, um pouco de igreja antes da missa, um pouco de cemitério depois do enterro, arroxava a intimidação.

Pessoas. Irmãos de espécie. Com suas histórias, trajetórias e amores vividos. Condenados àquele mundo. A seus encontros, relações e afetos. Todos intramuros e nada escolhidos. Autorizados a escapar só em alma, espírito e imaginação.

Uma audiência de raridade. Nada a ver com nenhuma das incontáveis aulas e palestras de até então. Referências acumuladas em aprendizado diário pelos auditórios da estrada, todas feitas pó. Sem nenhuma serventia.

Em cenário de auditório parecido a qualquer outro, com suas cadeiras viradas para o mesmo lado, e seus ocupantes sentados para me ouvir, o desapoio era absoluto, em limbo virginal. Como toda primeira vez. No espaço do controle total, a experiência era de pura transgressão. O inédito radical cobrava tudo sob medida: postura, pegada, palestra.

As palavras e as grades

De fato. As coisas que sempre digo sobre a vida boa, com um aqui e acolá de adaptação ao cliente, atravessaram, todas, a minha mente em atropelo. Poucos segundos para uma constatação dramática. Quase nada desse conteúdo trivial poderia ser repetido ali. Não do mesmo jeito.

Nas falas de todo dia, os primeiros quinze minutos, cheios de energia, denunciam a acomodação corriqueira, a terceirização da vida, o temor de assumir as rédeas da própria trajetória, de escolher errado, de deliberar sem eficácia. Um aplauso implícito à autonomia. À iniciativa. À tal da proatividade. Apologia da liberdade, enfim.

Tudo no lixo? Você pergunta.

Nunca, respondo de pronto. Não poderia me dar a esse luxo. Abrir mão do discurso mais fluente, consolidado em anos de enunciação diária, seria um grave risco. Justo naquele lugar, onde um piscar de olhos a mais indicaria hesitação, fraqueza e fatal perda de controle.

Desloquei tudo que era liberdade para o final. Quando já teria algum crédito adquirido, supunha.

Esperar também é viver

Minutos de conclusão. Pela primeira vez em dez anos de palestra conclamando à esperança. Essa mesma, tão esculhambada por mim em aulas e livros. Tão diminuída por pensadores colossais, como os estoicos e seus admiradores. Foi o jeito de socar a liberdade em algum lugar. Lá pra frente. Na vida tão aguardada. Pra lá do muro.

Ali, naquele lugar, trancada a porta azul, toda reconciliação com o real soaria como deboche. E o amor pelo mundo como ele é, então? Uma sugestão delirante. Apetecível a sábios de gabinete. Com inteligência altaneira e alcova perfumada. E aos seus muitos delicados aduladores.

Mas, e o aqui e agora da vida vivida? Essa de carne e osso, no presente imediato de cada instante? Ali dentro mesmo, onde o mundo parece difícil de amar. E a realidade é ringue de luta, gladiadores impiedosos e número de *rounds* definidos na sentença.

Bem, farão dela o melhor. O melhor possível. Em batalha renhida contra o zero. De energia, de alegria, de ilusão. Evitando sempre o supremo devastador. Com os mais parcos recursos à mão. Em apego a qualquer suporte ao alcance.

Felizmente, para eles, o hoje dos encontros e das percepções do mundo não esgota a vida. Continuam tendo o direito de sonhar. De sentar num canto e contemplar a própria mente. Com seus espetáculos infinitos. Direito de juntar a solidão de toda hora ao isolamento de vez por outra. Para assistir em si, no aconchego da alma distraída, o mundo negado aos olhos.

Eis a raspa de liberdade, no fundo do tacho queimado.

Esperança, sim. Naquele lugar foi o fecho perfeito. Fragmentos de potência na imaginação terna da vida adiada. Alegria pálida de um pensamento que vai longe em meio aos que amam. Sorriso contido no devaneio de um deixar de ser tão aguardado. Tão distante. E bem longe dali.

Esperar também é jeito de viver. Recurso último ante um sucumbir iminente. Quando o mundo não dá trégua. E o encantamento escoa pelo ralo todas as gotas.

Esperar é o que resta. Na falta, na incerteza, na impotência. Como toda esperança. Sem gozo de encontro, toque ou contato. Mas é o que aqueles homens também têm para hoje. A parte mais doce, certamente. E que só depende deles. Que nunca os abandonará.

Nos agradecimentos, o diretor emocionado não conseguiu agradecer. Discurso pronto prostrado em pranto. Faltaram as palavras que não fizeram falta alguma. O essencial mudo estava a dispensar enunciados. No cadeião e alhures.

Quanto a mim, senti o que senti. E não poderia terminar meus dias sem ter sentido. Gratidão eterna ao deus dos encontros por mais essa. Já entender o sucedido, disso passei longe. Nada de inusitado para uma vida que nunca mereceu sentido algum. Naquele instante, a exuberância afetiva asfixiou, sem se dar conta, toda lucidez explicativa. Escancarando, do júbilo ao desespero, a falta que nunca fez.

Certeza, uma só. Naquele lugar, a vida, pra mim, valeu muito a pena ser vivida.

E mais valeu vivê-la do que enunciá-la.

Livre para ir, ficar, voltar, fazer, pensar...

Pode perguntar para quem quiser: "liberdade raiz" a gente define pelo seu contrário. E esse é mesmo a prisão. Portanto, o que vem à mente de quem se acha livre, antes de tudo, é poder ir e vir. Sair da posição ocupada e passar, sem impedimentos, a ocupar outra. Deslocar-se para qualquer canto desejado, e depois voltar.

Tem a ver com poder caminhar. Sem grades ou paredes negando passagem. Sempre que houver vontade. Longe, portanto, de toda porta azul.

Eis o significado mais impregnado. Que vem de braços dados com a palavra que significa. Mas o leitor não duvidará, liberdade pode querer dizer bem mais do que isso.

Além de poder ir e vir, dizemos que é livre aquele que pode fazer o que quer. Assim alargamos a definição. Não se trata só de caminhar ou sair correndo. É possível ser ou não livre: para cantar, desenhar, ficar dormindo, escrever um livro, esculpir, manufaturar e estudar matemática. Desde que assim se queira, é claro.

Sou livre, portanto, quando quero contar ao leitor as ideias que me vêm à mente e assim o faço: primeiro gravando, depois solicitando transcrição, editando e, finalmente, fazendo chegar-lhe a mensagem.

Essa liberdade poderia bem não existir. Em outros tempos, mais amarrados, iniciativas como essa, de publicar o que se pensa, seriam proibidas. Haveria impedimento.

Giordano Bruno e Thomas More não nos deixam mentir. No século XVI, ambos encontraram a morte pelo que publicaram. O primeiro, por heresia, nos tribunais da Inquisição. O outro, por seu amigo Henrique VIII, o lendário Tudor, a quem servira como chanceler num dos reinados mais sangrentos da história da Inglaterra.

Como nosso modo de pensar tende a ser ainda romântico, é quase insuperável a tendência de atribuir uma cota ostensiva de paixão a esses homens que desafiaram seu tempo. De fato, a vida normal e a norma parecem incompatíveis com o gênio.

Livre com limites

O que poderia nos impedir de realizar o que queremos? Ou nos autorizar? Antes de tudo, os limites da própria natureza. Possibilidades físicas, como estatura, força, agilidade, envergadura, mas também de discernimento e lucidez.

Somos, portanto, nós mesmos, o quadro limitador primeiro de nossas realizações. A ele vamos nos acostumando desde cedo. E, pouco a pouco, aprendendo a aceitar as privações supervenientes.

No gol a gol com o Ronaldo, enfrentamento que já dura meio século, chutar a bola com eficiência do meio de campo e recompor com velocidade correndo de costas, encarando o vil e ardiloso adversário, foram se tornando proeza inexequível. Exigindo adaptação. Menos comprometedora ao equilíbrio da peleja, por termos exatamente a mesma idade.

Por isso, os impedimentos mais amargos nos são impostos de fora. Na interação com o mundo. Para os afeitos ao contato com a natureza, os acidentes naturais, sinuosidades de um relevo impeditivo, hostilidades climáticas que fazem recuar.

No caso dos mais urbanos ou domésticos, as amarras mais frequentes são as atadas pelo outro. Por vezes, um montão de outros. Por uma sociedade inteira. Que, do nascimento à cova, por vezes incentiva e aplaude o que fazemos, mas em muitas outras interdita, proíbe.

Seja em conflito episódico, pelo triunfo de uma força que se impõe à nossa, seja por norma já legislada de há tempos. Que regulam toda ação e relação daquele tipo. Dessas que figuram na companhia de muitas outras, em intermináveis códigos. Arranjos de artigos e parágrafos que conferem lógica aparente e sentido único a uma caótica vontade geral de vetores apontados pra todos os lados.

Perdão pela loucura compartilhada

Nossa prosa me trouxe *Dom Quixote*. O inesgotável clássico de Miguel de Cervantes que atravessou quatro séculos para ainda nos fazer refletir sobre os limites da liberdade. E suas ambivalências.

O fidalgo castelhano Quixote é um senhor de idade. Empobrecido e louco. No cuidado da adjetivação, na riqueza da descrição, Cervantes vai nos revelando um decadente na postura da dignidade. Ao seu lado, Sancho Pança, fiel escudeiro. Espécie de protetor.

A ação gira em torno de três incursões da dupla por terras de Mancha, Aragão e Catalunha. Cem anos antes, Dom Quixote teria sido um herói de Cavalaria, de um tempo anterior à formação dos Estados nacionais. Em que a noção de liberdade atrelada ao aparato do Estado era ainda confusa. Predominava, portanto, uma outra. Tributária da própria consciência dos homens.

Para esse homem, que luta com moinhos de vento acreditando ver gigantes, os grandes valores da vida são definidos de forma muito simples, quase sempre fantasiosa. É Sancho Pança quem faz o contraponto, apresentando ao amigo a realidade crua da qual ele próprio, algumas vezes, chega a duvidar.

A figura tocante de Quixote inspirou um adjetivo: quixotesco. Referindo-se aos ingênuos, idealistas, anacrônicos, hoje em dia quase sempre num tom jocoso.

Verdade é que nem Sancho em sua sanidade, nem Quixote em sua loucura estarão livres. Em seu leito de morte, o velho e seu amigo se encontram nesta dura constatação.

Diz Dom Quixote:

"— Perdoa-me, amigo, por haver dado ocasião de pareceres doido como eu. Fazendo-te cair no erro em que eu caí de pensar que houve e que há cavaleiros andantes no mundo.

— Ai — responde Sancho Pança aos prantos. — Não morra, vossa mercê, senhor meu amo, mas tome o meu conselho e viva muitos anos, porque a maior loucura que pode fazer um homem nesta vida é deixar-se morrer sem mais nem mais, sem ninguém nos matar, nem darem cabo de nós outras mãos que não sejam as da melancolia".

Depois da tocante narrativa, peço sua licença para retomar o conceito. Tínhamos parado em liberdade de ir e vir. Bem como de fazer o que se queira fazer. Observe que, na frase anterior, há uma sequência. Uma ordem cronológica de dois elementos, tipo um antes e outro depois.

O primeiro, aqui no sentido de anterior, é o querer. A pretensão de ir, de voltar, de fazer. O segundo, que aqui vem depois, é a possibilidade de agir sem ser obstado, para alcançar o que fora pretendido antes.

A liberdade é, portanto, a possibilidade de empreender qualquer ação entendida como adequada para alcançar o que o agente já queria antes de agir. Ela é, portanto, posterior ao querer: primeiro queremos, e só depois somos livres ou não para ir atrás.

Escravos do querer

Surge então, no espírito do leitor mais perspicaz, a pergunta inevitável: se a liberdade vem depois do querer, não pode haver, portanto, liberdade para querer?

Exatamente. Essa liberdade exigiria uma inversão de anterioridade. Seria preciso primeiro ser livre e só depois querer. Impossibilidade lindamente apresentada em ensaio de Schopenhauer sobre o livre-arbítrio.

De fato. Somos livres para ir e voltar de onde queremos. Para comer, beber, ler, falar, estudar matemática diariamente. Em suma, para fazer o que queremos. Mas não para querer fazê-lo. Esse querer não resulta de uma escolha.

De fato. Soaria bem estranho uma decisão do tipo: a partir de amanhã, vou querer estudar matemática todos os dias, ou querer ir à livraria, comprar livros, lê-los de maneira compulsiva. Mais estranho ainda seria decidir livremente sentir uma enorme vontade de acompanhar as explicações do professor sobre liberdade.

Linhas delirantes, essas que acabamos de propor. Afinal, já aceitamos que todo querer se impõe, simplesmente surge. Que "deu vontade" registra bem toda passividade do que julgamos livre em nós ante forças vitais provenientes do caótico mais descontrolado e impositivo. A possibilidade de ser livre para o querer é completamente estranha às nossas experiências de vida.

Falar de liberdade pode fazer pensar em democracia. Em eleições. Em voto livre. Com efeito. Em uma eleição democrática, respeitadas as regras eleitorais e a oferta no mercado das candidaturas, cada cidadão vota. Sem constrangimento.

Com liberdade de escolher seu candidato. De apertar o botão, de interceder no resultado. Nos limites da sua particular unidade. Cada voto é um. Que integra um contingente de milhões. Igualmente livres.

Mas aqui cabe a pergunta: terá havido liberdade para querer votar? A intenção de voto ela mesma resulta de um movimento livremente controlado por nós? Como vimos, no holofote da seção eleitoral, a liberdade para a manifestação eletrônica é indiscutível.

Apertamos livremente o botão que quisermos. Mas se formos jogar a luz um pouco antes, tentando iluminar o nascimento das nossas intenções de voto, da torcida pela vitória deste ou daquele, não encontraremos liberdade alguma. Certamente.

Ora, na falta de liberdade de querer, só nos resta concluir pela escravidão ou submissão, sem abolição possível, da vida como um todo a esse querer. Que surge e se impõe como tal, travestido de desejo, apetite, inclinação, atração, repulsa.

Meio desencantador, admitamos. Sobretudo para os que compartilham algum imaginário de emancipação social, orquestrada por um pensamento livre, ou de vida atravessada por gestos heroicos de escopo libertador.

Mas vale deixar claro. Essa submissão se limita a ter que querer o que se quer. Ponto-final.

O que fazemos com esse querer é outra história. A partir daí há liberdade. É o que supomos. É no que acreditamos. Por isso, podemos ir atrás do que queremos ou não. Por esse caminho ou por aquele outro. Neste exato instante, ou quem sabe amanhã bem cedinho. Em busca solitária ou junto da galera.

Nem gorila, nem guaxinim

Sempre haverá algum genial chato a suspeitar que a natureza nos tenha equipado mal para o prazer. Arautos da razoabilidade, sempre interpondo alguma higiênica razão ao tesão e seus afetos correlatos. Argumentos não lhes faltam.

Por que seríamos dotados de razão, inteligência e espírito crítico se não passássemos de máquinas ávidas de satisfação ou meros resultados provisórios de alguma equação afetiva de circunstância com variáveis pulsionais a não poder mais? Se tudo fosse só busca de prazer e bem-estar, de comodidade e conforto, de gozo e tranquilidade, pra que tanta potencialidade intelectiva, tanta competência de pensamento?

Tivéssemos nascido guaxinins, gorilas ou gambás, tudo daria no mesmo. Sem sentido ou valor. Escravos do próprio instinto, passaríamos a vida em busca de saciedade, enchendo a pança e indo atrás de cópula.

A disposição que é a do homem para as abstrações, a capacidade de refletir sobre si mesmo, sobre as condições e os limites da própria existência, sobre as interações com o outro e sobre o mundo onde tudo acontece nos permitiram certamente ir além, transcendendo a animalidade no cio, vencendo o imediatismo saciador da vida animal.

Imperativo para todos

O argumento é, sem dúvida, viçoso e pungente. A certeza maior de que não somos só instinto, de que a vida, no nosso caso, requer muito mais, vem acompanhada de uma prova dos nove. Nossa vontade nos facultaria deliberar na contramão de todo apetite ou desejo.

Assim, em nome de algum valor maior, não comemos, não bebemos, não transamos, e muito mais. Mesmo em gritante inclinação para tal. Em nome de alguma justiça, supostamente objetivada nas leis da cidade, Sócrates deixa-se envenenar para a morte, recusando-se a fugir, mesmo em condições para isso.

Por meio do uso de certa razão prática, comum a todos nós, poderíamos identificar o que é devido fazer. Ação que se converteria num tipo de imperativo aplicável a qualquer um. E essa ação imperativa pode ou não coincidir com o que cada um de nós desejaria fazer naquela situação. Com o mais ou menos vantajoso para este ou aquele.

No caso de coincidência, isto é, de alinhamento entre o desejo e o imperativo, fica mais fácil saber o que fazer. O devido e o desejável encontram-se do mesmo lado. É só chutar para o gol. Bola quicando sem goleiro. Porém, nesse caso, não ficará claro se estamos agindo daquela maneira por ser o devido ou por ser o desejável.

Em contrapartida, quando a solução prática indicada pela razão não coincidir com o mais cômodo, agradável ou prazeroso, aí, sim, será doloroso abrir mão dos apetites em nome do que é certo. Porém, nesse caso, teremos absoluta certeza de que estamos agindo por dever. Pela razão que indica o devido.

E você, aqui, se pergunta: e daí? Qual é a vantagem? Por que deveria eu exultar por fazer triunfar em mim uma solução de vida deliberada pela razão na contramão de meus apetites mais caros?

Ora, se o desejo nos escraviza e o querer se impõe, só a soberania de uma razão prática poderia nos devolver alguma liberdade. Prerrogativa deliberativa decidida por uma operação da razão, ao alcance de qualquer um, que permite identificar sempre o devido, o justo, o honesto, em suma, o de maior valor.

E você ainda reluta. Afinal, sistematicamente fazer o que não se deseja, por mais devido que seja, só para ter a insossa certeza de alguma liberdade parece um pouco demais. Que tipo de ganho existencial a certeza da liberdade pode me trazer?

Suponho que eles, os tais arautos da razoabilidade, estejam se referindo a uma felicidade de tipo 2. Que não corresponde à satisfação ininterrupta de desejos ou ao máximo de prazer por hora, minuto ou segundo.

Referem-se, penso eu, a um bem-estar específico vinculado à vida digna, à existência alteada, regida por um discernimento propriamente humano, que permite transcender as simples inclinações. Nesta vida, o recurso constante a uma razão prática universal permite superar a avidez cega pelo preenchimento impossível.

Se o meu copo quebrasse

Não havendo liberdade para querer, resta a de agir. E de pensar. Forma muito particular de ação. Essa liberdade é o contrário da obrigação ou da escravidão. Implica a ausência de qualquer impedimento que se oponha ao movimento dos músculos e dos neurônios. O líquido que preenche um copo não é livre. O vidro impede seu movimento. Mas se o copo se rompe, recupera sua liberdade.

Seria preciso quebrar o copo do mundo, ou pelo menos dos nossos mundos. De dentro pra fora, para que tenhamos a sensação de controlar algo. Sem o copo quebrado, haverá impedimento. Liberdade relativa, contida, estrangulada. Falta de liberdade, portanto.

De fato, ela nunca é nula ou absoluta. Algum movimento é sempre possível. Por mais estreito que seja o copo, todo líquido nele se agita. Roupas apertadas se esgarçam com o tempo, mesmo que de couro. E na cela o prisioneiro age. Comanda operações, planeja revolução, põe fim à própria vida.

Em *Der Vorleser*, de 1995, o renomado jurista e escritor alemão Bernhard Schlink constrói uma obra contundente, que leva aos limites da ambiguidade a noção de liberdade.

Na Berlim de 1958, um menino de 15 anos conhece, por acaso, uma mulher mais velha, já na casa dos trinta, e inicia com ela um caso amoroso. Hanna Schmitz, uma mulher marcial, dura, mas profundamente sensual, desaparece misteriosamente a certa altura. O romance, portanto, termina sem qualquer explicação.

Oito anos mais tarde, Michael Berg, já estudante de direito, ao acompanhar um polêmico julgamento de ex-agentes da Gestapo, reconhece Hanna entre os acusados. A mulher servira como guarda num campo de concentração nazista. Aprisionara numa igreja em chamas, sob ordens das SS, mais de uma centena de mulheres durante uma marcha.

No entanto, Hanna esconde um segredo que considera ainda mais vergonhoso: era analfabeta.

Michael, tomando conhecimento do fato, desiste de intervir no caso de Hanna, que assume sozinha a autoria do crime, sob o medo de revelar a condição de analfabetismo.

Nos quarenta anos que seguem, a mulher, prisioneira, aprende a ler sozinha na penitenciária, enquanto Michael torna-se cada vez mais circunspecto. Dois indivíduos: uma mulher que descobre a liberdade na prisão, um homem que, para além daquelas muralhas, aprisiona-se em si mesmo.

No fim, próximo de ser libertada, Hanna Schmitz se suicida. Por não reconhecer qualquer traço de liberdade para além do cárcere.

Nem nula, nem absoluta

A natureza não nos faculta voar. A sociedade não nos autoriza a extrapolar. Deslocamentos produzem efeitos, afetam a trajetória alheia, perturbam e molestam o vizinho.

Toda convivência é também obstáculo à liberdade. Implica admitir a presença do outro. Reconhecer sua existência. Atribuir-lhe valor. Equivalente ao da própria. Para que igualdade não seja palavra vã. Mas integre a vida, de carne e osso, das pessoas que se veem obrigadas a assumir a própria trajetória. Condenadas que estão a ser livres. E impossibilitadas de terceirizar a vida.

O respeito pela presença do outro advém, sim, da liberdade. Não do medo. Quando ofendemos, agredimos ou matamos por receio do que possa nos acontecer, não há respeito. Longe disso. Há estratégia, pequena, rasteira, calculada, egoísta.

O respeito é outra coisa. Namora a moral. A altivez da soberania existencial regida pela consciência maior do que é justo fazer. Que resplandece em luz e cores justamente quando não haveria risco do flagrante alheio. Na ausência total de temor. Na irrelevância das consequências.

Assim, em liberdade, abrimos mão do mais prazeroso, vantajoso, auspicioso, confortável e tranquilizador, em nome de alguém. De existência reconhecida por nós. Cujas diferenças de fato só fazem iluminar todas as igualdades de direito, de prerrogativas, de possibilidade de continuar vivendo.

Ninguém morre assim

Em "Antes do baile verde", conto célebre de Lygia Fagundes Telles, duas mulheres se preparam para um baile de carnaval. O calor, a pressa, a desordem do quarto, tudo dá à narrativa uma atmosfera de afobação. Mas no quarto ao lado, o pai de uma delas agoniza.

Se haveria escolha possível, a resposta parece fácil, mas não para Lygia, que, com a maestria que a consagrou no gênero, vai revelando os subterfúgios mentais a que a moça recorre para justificar sua escolha:

— Ele está dormindo. Ninguém morre dormindo daquele jeito. — É o que diz à amiga antes de descer as escadas.

A barbárie arreganha os dentes

Na falta do respeito e da moral, resta o medo da reação do agredido. Que resulta da avaliação de suas potencialidades. Já resvalamos para o estado de natureza. Onde civilização não há. Na fraqueza aparente do outro, impõe-se-lhe submissão. A barbárie arreganha os dentes.

Era uma tarde de sexta-feira, o ônibus vinha pela praça Quinze. No semblante dos passageiros, cansaço e desalento. Não se pode ser feliz num ônibus às 18 horas. Ainda mais na praça Quinze.

O motorista estacou de repente. Uma mulher com um grande saco de compras, assentada logo na entrada, deu um grito. Um velho sem esperança, ruminando suas pequenas desgraças do dia, disse baixinho ao homem ao lado:

— Mas que diabo. Não se pode nem tomar uma droga de um ônibus.

De fato. E agora, para piorar, um problema entrara. Na forma de outro velho: estava sem camisa. Acomodou-se sério num banco. O peito embranquecido, indiferente ao mal-estar dos companheiros.

O motorista virou-se para trás:

— O ônibus não segue assim. — O homem olhou desalentado; não tinha camisa.

O destino do velho perigava.

Os passageiros se entreolhavam, examinavam a própria consciência. Será justo expulsar o pobre-diabo?

Só o motorista, triste e suado, seguia taxativo:

— Não posso fazer nada.

Alguém ensaiou dizer: "Desce logo".

Um sujeito baixinho de bigodes, a compostura da indignação, murmurou um protesto tímido:

— Minha gente, por favor, a pobreza é uma coisa sagrada. Tocar a pontapés este desgraçado homem que não tem uma camisa é zombar do nosso Criador.

Vergonha.

— Toca o ônibus! — Era o velho sem esperança que gritava desta vez.

Nada feito. Quando perceberam que estava bêbado, jogaram-no para fora.

Olhei-o pela janela enquanto o ônibus arrancava. Liberado, estava pronto para todas as misérias, o velho bêbado e sem camisa.

Nem Marx nem Freud fariam dele uma ilha de insegurança. Hamlet e os seus solilóquios não o perturbariam.

Eu segui até meu ponto. Desci, a alma respirando a brisa da tardinha.

Capítulo 6

A mesmice repetida do eterno

Na eternidade, o presente não vira passado. Não há ontem, portanto. Nem semana passada. Menos ainda o 21 de outubro de algum ano sagrado. Tampouco há amanhã. Ou algum futuro. Nela desaparece a temporalidade que dá berço a nossas vidinhas. Não há nascimento. E muito menos morte.

Eternidade nada tem a ver com um tempo que vai passando, mas que nunca acaba. Com os anos ou séculos se acumulando no bagageiro infinito do pretérito. Tampouco quer dizer duração esticada, em elasticidade absoluta. Como se enfileirássemos aos 80 anos protocolares de vida um número indefinido de zeros.

Nada disso. Na eternidade nada acontece. Porque todo acontecimento requer um tempo para acontecer. Insere-se numa sequência. Posterior a tantos outros, mas anterior a muitos que dele possam decorrer. Acontecimentos marcam rupturas. Determinam mudança.

Na eternidade nada muda. Porque toda mudança implica o passar. E o passado como seu resultado. Tampouco há duração. Já que durar é resistência a deixar de ser. Vencer o fluxo no ringue da temporalidade. Desafiar o trânsito no campo do adversário.

O duradouro só é bem-sucedido no tempo. E por algum tempo.

Na eternidade, o eterno é. Sem jamais deixar de ser. E sem se esforçar para isso. Talvez, por isso mesmo, só nela o ser possa ser em paz.

Uma gota de eterno, pfv!

Será que nessa nossa vida de carne e osso – sempre a caminho dos funerais, marcada com ferro em brasa pela finitude e atravessada do começo ao fim por solavancos, trancos e barrancos – não haveria como considerar alguma gota ou pincelada de eterno? Um tiquinho que seja de descolamento diante dos encontros e suas erosões? Ou tudo não passará mesmo de deterioração, apodrecimento e morte?

Pergunto em nome dos que acreditam em Deus. E que, de certa forma, esperam que Ele participe de suas vidas. Ora, Deus não morre. Transcende a toda temporalidade. Escapa ao fluxo, à mudança, ao deixar de ser. Deus é eterno, portanto. A presença do divino em nossas vidas finitas exigiria algum tipo de vínculo com o que lhes é completamente outro: a eternidade.

Como uma crença, por exemplo. Fé em Deus e, portanto, na sua eternidade. Sem carecer de prova alguma. Ou um afeto, como o amor. Para, assim, podermos amá-lo sobre todas as coisas. Quem sabe algum entendimento? Afinal, para muitos de nós, é de Deus que recebemos toda faculdade de pensar, com seus alcances e limites. Ou ainda, para fechar esta lista, uma intuição. Porque por trás da consciência mais superficial temos uma certeza estranha de que, apesar de tudo, Ele nunca nos abandonará.

Em nome de todos aqueles que não abrem mão de Deus na hora de viver, vale a pena vasculhar. Afinal, a eternidade, tão aparentemente distante das nossas vidas bem finitas, parece guardar com cada uma delas alguma intimidade. Nem que seja só uma ilusão. Ou um simples desejo de puxar o freio de mão na hora em que o calo aperta.

Até no parque de diversões, constrangido pelos mais velhos a dar prova de destemor, sempre imaginei, no íntimo, estancar o movimento do carrinho da montanha-russa, bem lá no alto, quando na iminência de se precipitar ladeira abaixo, de costas, de ponta-cabeça, em tubo, ou atrocidade afim.

Quem sabe não encontramos estilhaços sutis de eternidade nas meninas da praia de quinta-feira, na casa da avó Geny, em Santos, com o pai, na alegria do filho imaturo educado pelos franceses, no passeio de domingo em Congonhas, em Luísa, Emma ou em alguma outra *Comédia humana*.

Elas só sabiam viver

Para todos os efeitos, hoje estaria resfriado. Justificativa oficial de Davino M. a quem tenha notado sua falta. Melhor que cair em tédio ou esperança descabida. Viu pela janela quando uma andorinha gratuita voou no céu azul.

Com pouca gente na praia, arriscou-se a descer. Às quintas-feiras era assim. Acomodou-se sob o guarda-sol muito murcho, na cadeirinha de praia dum verde desbotado.

Notou quando umas três ou quatro moças passaram por ele em direção ao mar. Atrás delas, uma jovem senhora, já bem repousada nos seus excessos.

De fato, naquele dia, uma família de quatro mulheres decidiu ir à praia. Forte e inelutável como um desejo de amor era aquela coisa que as fazia estar na praia, numa quinta-feira. Reunidas.

No colorido de suas roupas de banho, guardadas havia muito, a moda passava por outra passarela. Não sabiam posar. Menos ainda pentear os cabelos, como se fazia nas praias chiques, as moças louras em seus rostos enérgicos.

Agora, corriam umas atrás das outras. Sofridas. Machucadas em canelas e decepções. Ali ignoravam plateia. Burlavam-se de todo juízo. Riam-se de suas fragilidades e desalinhos. Do desequilíbrio ofegante e do desaprumo. Da suja areia molhada que suja.

Na praia daquela quinta-feira, eram, as três, meninas da praia. Bailarinas de Degas. Só sabiam viver.

A mãe, sacudida de carnes, sorria. Mamilos largos demais na ponta dos seios decadentes. Umbigo espremido em sorriso sem dente. No joelho, uma queixa. No queixo, uma cova. Resquício de um passado de galanteada.

Davino M. largou o livro na cadeirinha desbotada, talvez devesse entrar na água.

Antes de submergir, lembrou-se vagamente daquele poema. Esforçou-se para lembrar um pouco mais:

O animal morreu
Restam o homem e sua alma
Chego ao meu centro
Breve saberei quem sou.

Quero voltar invisível...

O nascimento é experiência impactante. O próprio, é claro, mas também o dos outros, quando já estamos de observador.

Há para todo nascituro um corte. O cordão violentado é só o seu visível. A parte mais besta, resolvida na faca. Do útero materno às mãos do parteiro, o tranco parece mais que perturbador. Da acomodação perfeita ao incômodo absoluto. O desejo de voltar, para continuar no bem-bom, parece universal.

Dali pra frente, toda sensação semelhante à da comodidade de até então será boa, reconfortante, prazerosa. A conservar, portanto. E repetir. Já todas as outras, ainda inéditas, resultantes de encontros com a nova morada do mundo, poderão desagradar. E muito.

Não há como negar. Acabou a mamata. Agora é olho vivo. Melhor ficar esperto. Nesse parque de diversões, o solavanco vem de repente, sem muito avisar.

Nesses tempos de primeiros dias e semanas, cada instante conta muito. A vida vivida ali é tudo. É tudo que vale. Corpo e alma centrados num ponto só do tempo. Naquele mesmo, por onde a existência, ainda incipiente, está agora passando. Em puro sentir.

Essa constatação só foi possível mais tarde. Quando os próprios anos já escoavam em dois dígitos. E não tínhamos mais muito a ver com toda aquela espontaneidade primária dos primeiros balbucios, com consciência e nervos à flor da pele.

O que podemos saber sobre o começo da vida resulta da observação de outros. Dos que estão nascendo por esses dias. Constatamos como agem. E supomos o que estejam sentindo. Flagramos essa direta e imediata correspondência. Brilhando autenticidade. Sem filtro algum entre as emoções e suas manifestações.

Assim, a realidade do mundo se confunde completamente com o recorte percebido e sentido no corpo. Na impossibilidade radical de qualquer gestão dos afetos, dores e alegrias são experimentadas com tudo, em toda a sua extensão, do choro devastador à felicidade suprema. Cada instante parece gigante na escala da pouca vida vivida.

Uma criança cheia de tédio que chora no avião perturba os pais. E todo mundo em volta. Talvez tentem distrai-la. A redução do enfado – decorrente da longa permanência naquele lugar – pode cessar o pranto e devolver a paz.

Nesse caso, ainda houve tolerância. O mundo dito civilizado ainda deu uma colher de chá. Respeitou a soberania do instante vivido. Tentou proporcionar ali mesmo algum prazer, para estancar a aborrecedora manifestação de desagrado.

Passam-se semanas, meses e anos. Essa mesma criança, além de crescer, enfrentará novas situações de interação. E, se tudo estiver normal naquele espaço civilizador, será educada para tal. Afinal, é preciso aprender a viver com os outros. A conviver. De um jeito a não comprometer. É do interesse de muita gente que seja assim.

Bem devagar, com constância e método, o pequeno aprendiz vai se dando conta de que há algo além do instante vivido. Que a vida de carne e osso, aquela do estrito presente, não é tudo. Que as dores nele sentidas não são o fim do mundo. E que este não vai acabar por causa delas.

Repetir de ano: o castigo supremo

O nome da tia era Maria. Maria das Graças. Era o primeiro ano primário. E ela insistia, quase que diariamente, que a atenção durante as aulas e o consequente aprendizado, completado pelas lições de casa, nos assegurariam a aprovação para o ano seguinte. O famoso segundo ano. Uma conquista de cada dia, segundo ela.

E o tal do segundo ano? Em que consistia o troféu?

Bem, pra começar, seria outra a tia. Novos colegas. Outra sala de aula. Recreio em horário diferente. Novas coisas pra aprender. Livros, materiais de papelaria, mochilas, tudo novo, em especial para os mais endinheirados. No tédio do presente, basta ser outro, diferente, para ter pinta de positivo. Tudo isso girando na cabeça esperançosa dos aluninhos do primeiro.

Íamos nos esquecendo dos reprovados. O que lhes estaria reservado? Ora, a repetência. A repetição de tudo. Que, quando anunciada, soava como condenação. Destino dos piores, dos que fracassaram. Permaneceriam alunos da mesma tia. Estudariam na mesma classe. A mesma matéria. Com os mesmos livros. Nos mesmos horários.

Só os colegas seriam outros. Que, com sua infantilidade, estariam a relembrar-lhes sempre da sua inferioridade. Finalmente, ficariam privados da convivência com os colegas promovidos. Ao menos durante as atividades formais da escola. Excluídos, portanto.

A desvalorização simbólica da repetência era traduzida em ameaça sempre que alguma transgressão disciplinar se verificava. Quase sempre uma vítima isolada. Não raro repetida. Que ali fazia o bode expiatório. E, sem saber, protagonizava a cena em que a civilização, servindo-se do teatro, colocava os pingos nos is e devolve aos trilhos os que ameaçam descarrilhar.

— Se você quiser ficar aqui nesta sala o ano que vem inteiro para aprender tudo de novo com os que agora ainda estão no pré-primário, o problema é seu.

A repetição como ameaça no discurso da tia apequenava, a cada nova bronca, o valor daquela que era a nossa vida, a nossa convivência, o nosso mundo, o nosso aprendizado, a nossa classe. Levando de roldão nossas paixões mais mundanas, as alegrias e tristezas experimentadas ali, por nossos corpos e almas.

Quem ri por último...

Lembro-me da enfática advertência da tia ante alunos em regozijo.

— Se estiverem rindo de mim, saibam que quem ri por último ri melhor.

Bendita a risada do amanhã, do futuro. Aquela que hoje é só anúncio e sisudez. Que decorrerá do mérito da espera. Do culto do devir. Da reverência contrita ao presente imediato. Essa, sim, tem valor. É a melhor.

Não a nossa. Risada leviana dali mesmo. Da vida na sala de aula. Da boca grande e dentes à mostra. Com a barriga em câimbras e as lágrimas escorrendo. Essa não presta. Estava amaldiçoada. Risada de segunda classe. De gente tonta.

E o papelzinho amarelo, desses que grudam na ponta, resistia aos movimentos da mestra, coladinho no glúteo, com uma seta vermelha desenhada e nada mais.

Nossa vida vivida só não era reduzida a zero porque, graças a ela, teríamos acesso ao superior, ao mais importante, ao verdadeiramente importante. O mesmo discurso se repetiria no segundo ano, em relação ao terceiro, e sucessivamente.

Depois do quarto ano viria o ginásio. Descrito como um paraíso. A ruptura mais nítida, que lhe conferia franca superioridade em relação ao primário, com a multiplicação das disciplinas e um docente para cada.

Rá-tim-bum

A repetição nem sempre foi ameaça. Não para mim.

Dona Nilza prometia me levar à casa de minha avó todos os dias durante as férias. E o fazia com ternura nos olhos. Porta-voz da melhor das notícias. Sinfonia para meus ouvidos. Eu adorava. Um quintal e um corredor do tamanho de um reino. Com um castelo de mil esconderijos. Cenário como que projetado para uma criança solitária e estranha.

Dona Geni, como era conhecida, de batismo Maria das Dores, era mesmo muito especial. A mais generosa de todas as pessoas que já encontrei. Dava abrigo a quem necessitasse e pedisse. A sopa era diária. Sem falar da ambrosia e do doce de abóbora.

Aprendiz de farofeiro

Seu Clóvis, meu pai, já anunciava no almoço de segunda, ali mesmo no apartamento da rua Tatuí 40, que, no sábado, me levaria a Santos. De ônibus. O Vermelhinho.

Faz tanto tempo isso que a estação do Jabaquara nem existia. Tampouco a rodovia dos Imigrantes. Descíamos pela Anchieta. Nas curvas, cheio de graça, ele me espremia contra a parede do ônibus. Eu amava meu pai.

Na hora da fome, era só abrir a sacola e desembrulhar o papel-alumínio. Minha mãe deixava tudo prontinho. Era sempre um sanduíche de presunto e queijo. Sem manteiga. Nada melhor. Num pão de forma, bem branco e sem aquela borda mais tostada em volta. Pensando aqui, acho que eu era pra lá de mimado.

Passávamos o dia no mar. Na hora de voltar, uma ducha rápida, ali na praia mesmo. Do lado de fora, perto dos banheiros. Enxugávamos daquele jeito e subíamos a serra.

— Se fizer sol, voltamos sábado que vem. Já sabemos em que ponto pedir pra descer. Podemos repetir tudo. Foi divertido, não foi?

Responderia que sim, mesmo que não tivesse sido. Reconhecia o esforço do meu pai para me arrancar daquele estado ensimesmado em que permaneci ao longo de quase toda a infância.

E, se na volta da praia com meu pai, alguém se esgueirasse na minha mais solitária solidão do quarto e me perguntasse:

— Essa vida, essa mesma das curvas, do lanche, da praia e da ducha, se tiver que vivê-la sábado que vem, e outros sábados ainda, igualzinho, sem nenhuma mudança, sem nada de novo, na mesma ordem e sequência, com os mesmos prazeres e a mesma queimadura nas costas – de tempos em que protetor solar era frescura e caro demais – tá a fim? Se estiver, eu posso dar um jeito.

Nesse caso, eu genuflexo, mãos abertas e grudadinhas, teria tido aquela prova que toda criança gostaria de ter: de que alguém, em algum lugar, de fato ouve todas as orações e súplicas que diariamente, antes de dormir, tinha aprendido a rogar.

Parede perfeita

Homenagear o instante da vida não é fazer mais com menos esforço. A isso chamamos eficiência. Tampouco fazer bem para poder passar adiante, conseguir o resultado pretendido para subir de nível e viver outra vida mais tarde.

Porque quando damos à vida seu valor, já estamos no topo em cada um de seus instantes. Tudo que vale está ali. Esgota nele mesmo sua importância. É inegociável, portanto. Não precisa de nenhum depois.

Coisa de japonês, que tem tesão na ideia de perfeição. Que trata o imediatamente vivido com delicadeza. E, como arte, tudo que nele se faz. Quer ver uma cerejeira perfeita ou tomar um chá perfeitamente preparado.

Fica mais fácil viver assim, quando tá todo mundo na mesma *vibe*. Não faltará quem aplauda o pintor que leva dias em uma única parede, porém sem nem uma gota sequer de excesso de tinta.

No nosso caso, também vamos com o resto da galera. Adestrados a viver no estrabismo. Com um olho na vida, pra ir desviando, e com o outro no devir, pra achar o caminho e ver se ainda demora. Trocamos o 100% do pintor ou do tomador de chá por alguma porcentagem de meia-boca aqui e outra acolá.

É negando que se aprende

Quem troca busca para si algum ganho. Acréscimo de valor. O que se pretende obter no final da operação supera o que se oferece no seu início. Na compra, tipo particular de troca, passa o mesmo.

O instante de vida é do que dispomos pra começar. Trocá-lo ou vendê-lo implica rebaixá-lo. Atribuir-lhe um valor inferior ao pretendido na troca.

Ao negar o primário em nome do ginásio, o ginásio em nome do colegial, ao fazer deste último mera preparação para o vestibular, da faculdade um adestramento para o mercado de trabalho e das múltiplas etapas da vida profissional uma mera escalada de carreira para um nível superior, o homem acaba mais que preparado para negar a própria vida em nome de qualquer outro ideal.

E o faz sem se revoltar. Aceitando de bom grado. Conferindo legitimidade e aplaudindo com entusiasmo.

Milhas de diamante

A cada época, seus ídolos. Com seus troféus autorizados. Nos dias que correm, os prêmios mais cobiçados são oferecidos, com tudo de simbólico que qualquer consagração exige, pela chamada sociedade de consumo.

Por mais tosco que pareça olhando de fora, quando o jogo é jogado, tudo parece fazer sentido para quem está disputando. Ninguém discute o valor da vitória.

Pobre é mesmo George Clooney em *Amor sem escalas*. Filme de 2009. Ryan é um solteiro de meia-idade com um emprego curioso: especialista em demissões. Contratado para operá-las em situações de grande corte de pessoal.

Assim, sua vida se passa no ar. Vive em hotéis. Come quando é possível. E logo conquistará o recorde de milhas de sua companhia aérea: 10 milhões. Pelo que receberá um cobiçado cartão diamante.

Cortando os EUA para, em poucos minutos, dar a pessoas cujas vidas ele desconhece a notícia que as devastará, Ryan é um obcecado.

Numa dessas paradas, conhece uma mulher misteriosa e passa a manter com ela um caso amoroso. Sem tempo para compromissos, o homem acaba finalmente se apaixonando. Para descobrir mais tarde que a mulher amada tem família, filhos. E que, enquanto acumulava milhagens, perseguindo um superexclusivo cartão diamante, certas oportunidades já haviam passado para sempre.

Camicases bem formados

Assim, da mesma maneira que na escola, na faculdade, no trabalho, o presente é rebaixado em nome de um futuro cheio de valor, o espaço civil parece aberto para ideais de todo tipo – metafísicos, políticos e religiosos.

Dessa forma, fazer desta vida uma experiência de purificação para outra, higienizada e ideal. Na busca do progresso, do ideal democrático, de uma revolução qualquer, de uma sociedade sem classe, de um mundo regido pela ciência, pela moral, pelos valores nacionais, pela pátria, pela república, e por aí vai.

Todas as realidades mais puras, mais belas, mais nobres, mais desejáveis, que submetem nossas forças, nossos ímpetos, nossas potências e nossas vontades.

Assim, tia Maria das Graças fez do ginásio um ídolo para os seus alunos do primário. Tal como outros fizeram do ensino médio para alunos do fundamental. E da faculdade um ídolo para colegiais. Do ingresso no mercado de trabalho o mesmo para universitários. E da ascensão na carreira, ainda mais intensamente, para os ditos colaboradores.

Ídolos que dão sentido à vida. De forma tanto mais eficaz quanto menos forem discutidos, relativizados como referência. Assim como todo troféu, objeto legítimo das mais renhidas disputas, que tem seu valor positivo aceito em tom de obviedade, evidência e naturalidade.

Há, portanto, um duplo aspecto ilusório no compartilhamento de ídolos: de um lado, a certeza de que a vida por ela mesma tenha mesmo um sentido. E, de outro, a cegueira em face da sua origem, socialmente construída, politicamente interessada e exterior à vida de seus mais fiéis adoradores.

A eficácia da idolatria decorrente de um véu de ilusão que vamos vestindo dia a dia, sem nos dar muito conta, permite-nos mais do que suportar a negação da vida, aceitá-la com entusiasmo e ansiar por ela. Como camicases felizes, cantando antes do fim.

A alegria do imaturo

Recordo-me que na escola francesa, *14ème arrondissement* de Paris, fui chamado por orientadores pedagógicos para falar sobre meu filho. O motivo da reunião era a sua imaturidade para a idade, e para o nível escolar em que se encontrava.

As notas eram adequadas, e não havia críticas quanto ao seu comportamento em termos disciplinares. Todo o problema residia mesmo na tal da imaturidade. Que estaria comprometendo a sua evolução escolar.

Para poder saber do que estavam falando exatamente, perguntei, sem nenhum receio de passar por tonto, o que entendiam por maturidade. E a resposta foi, em parte, a que eu esperava:

— Seu filho vem para a escola e se limita ao dia a dia. Faltam-lhe horizontes. Não parece ter muita clareza sobre a real importância do que está por vir, das suas escolhas para o futuro, de como a sua presença na escola interferirá na sua vida vindoura, na sua educação universitária e, por que não dizer, na sua existência como um todo.

A advertência ali era clara. Tratava-se de tentar ensinar e aprender a viver. De um certo jeito, é claro. Em que toda vida vivida de peito aberto, na degustação genuína de cada instante, sem muleta ou escudo, teria que ser denunciada, condenada e punida.

Faltava ao garoto Martin um culto a algum ídolo compatível com sua idade e nível escolar. Só isso configuraria a maturidade necessária exigida para a promoção.

— Ele é meio criança — continuou *mme.* Catrangy, coordenadora pedagógica da série. — E isso nos preocupa. Começa a acumular alguma defasagem em relação a seus colegas de espírito mais focado.

Ante a minha consternação, manifesta mais em gestos, fisionomias, do que em palavras, fui indagado se, eu mesmo, não compartilhava dos valores da escola e da educação republicana francesa como um todo.

Havia na pergunta um desafio: como se tivesse sido chamado pra briga. Que eu apresentasse minhas armas, que oferecesse outros ídolos para competir com os deles, que argumentasse a favor dos meus, que provasse sua superioridade.

Custei a me fazer entender. Não tinha outros ídolos a opor. Não se travava, no meu caso, de colocar em xeque os valores republicanos de uma escola pública na França, em nome de outros ideais, utopias, paraísos terrestres ou celestiais. Queria apenas celebrar a vida do meu filho. De 9 anos. Tal como ela era. Contagiada por um apreço genuíno pelo vivido.

Um real que, para ele, mais que bastava: era exuberante. Uma escola que, dia a dia, ao sair de casa, apresentava-se como um autêntico paraíso.

A falta de ídolos talvez lhe roubasse mesmo algum sentido ou direção, que, por definição, estão sempre apontando para outro lugar. Para fora da vida, naquele caso.

Em contrapartida, essa mesma falta conferia-lhe compensação pra lá de nobre. Uma vida em amor pelo que é. Em encantamento pelo seu pequeno mundo. Em alegria pelos encontros já em curso. Em felicidade, por querer que nada mude.

Porque tava bom demais do jeito que tava.

Fazer o quê? Ninguém mandou ter um filho imaturo.

Permanência em terra firme

Mais ou menos na mesma idade em que o Martin era amadurecido por *mme.* Catrangy e sua trupe, eu acompanhava minha família ao aeroporto.

Era o de Congonhas, em São Paulo. Já se vão aí quase cinco décadas. Tempos mais seletivos. Em que só andava de avião gente da alta. Por outro lado, aos domingos à tarde, era um passeio barato e divertido. Ir ver os aviões. Parados e em movimento.

A decolagem era o mais legal. Muita gente fazia isso. Além do meu pai, minha mãe e eu. Ir ao aeroporto só para ver os aviões. No caso de fome, melhor trazer de casa uma bolachinha. Qualquer consumo no local encarecia e muito a brincadeira.

Uma vez no terraço, que dava visão à pista, era só alegria. Fascínio. Deslumbramento. Os aviões com hélice faziam ventar em suas manobras. Vento que batia na cara. Bagunçava o cabelo. As crianças acenavam dando adeus aos passageiros.

Os lugares mais próximos do parapeito eram disputados a cotoveladas. Ali era o ápice do passeio. A vida já havia chegado ao seu destino.

No mesmo aeroporto, pessoas distintas e ocupadas tinham mais o que fazer. Precisavam da rapidez que só as nuvens propiciam. Para importantes deslocamentos, compensadores do valor das passagens. Caminhavam pelos corredores e saguões sem hesitar. Sabendo sempre por onde ir. Estavam familiarizadas. Gente importante nunca pega avião só de vez em quando.

Para essas pessoas, o aeroporto era apenas meio. Trivial e banal. Quase óbvio. Que não supõe nenhuma escolha. Um não lugar. Que borra a identidade de seus frequentadores.

Por ali, apenas tinham que passar. Para dar início às suas viagens. Ou para delas regressar. O melhor ainda estava por vir. O ápice tardaria. A felicidade, esperada e distante. A vida, por enquanto, apenas em trânsito.

Espaço de distribuição de capital simbólico, o aeroporto na época fazia desses raros e ricos usuários uma vitrine para a contemplação de admiradores.

Estes, amontoados na arquibancada, não abandonariam a terra firme. Com os pés fincados na trincheira daquela vida de domingo. Na defesa da posição contra a passagem, do deleite contra a esperança, do agradável contra o útil e o banal.

Emma e Luísa morreram

E nós, que tínhamos pedido um tiquinho de eterno em meio ao fluxo. Olha ele aí!

A eternidade aqui requer um envolvimento entusiasmado, uma vontade de estar onde se está, de ser o que se é, de encontrar o que se encontra. Uma vontade de ter como marido o próprio marido, aquele que já é. De ler o livro que se está lendo, de tomar o ônibus em que acabamos de entrar, de degustar o rabanete que acaba de ser ingerido, de beijar a mulher cujos lábios já estão grudados nos seus. De deitar-se na cama que é aquela, sobre o colchão que não é outro, na roupa de cama que já está posta.

Ah! Impossível não evocar algumas das mais emblemáticas anti-heroínas da literatura universal.

Em *O primo Basílio*, publicado em Portugal no ano de 1878, encontramos Luísa. Mais famosa personagem de Eça de Queiroz. O autor aqui se lança na observação aguda de um típico lar burguês do século XIX. Luísa é uma jovem lisboeta casada com um funcionário público: Jorge. Ela logo passará a manter um caso com seu primo, Basílio. Um *bon-vivant* recém-chegado da França, e que funcionará como chave romântica para a solitária e entediada moça.

Aqui, em certa medida, Eça de Queiroz vai dialogar com *Madame Bovary*. No clássico de Gustave Flaubert, Emma é uma mulher deprimida que, para dar sentido à sua vida de estreiteza no interior da França com um marido apagado, passa a manter casos regulares e fazer deles sua única fonte de alegria.

Luísa, chantageada pela empregada, adoece e morre. Destino semelhante terá Emma que, endividada e desemparada, decide se matar.

O amor pleno pela vida no mundo implica uma resistência de quem denuncia os valores compartilhados por todos, em nome dos pés no chão, bem fincados na terra, terra do mundo que é o nosso. Sem outras ilusões.

Tristes tempos da alma

Ídolos parecem fugir dos afetos. Do presente dos encontros. Do real da vida. Das potências que oscilam. Das alegrias e das tristezas. Toda essa idolatria nos fez desprezar as emoções, ignorá-las, depreciá-las, tomá-las por coisa de gente fútil. De gente imatura e sem seriedade.

Assim, nossos ídolos parecem habitar em tempos que não são os nossos. De um lado, no passado da memória, dos tempos de glória, do que podíamos nos orgulhar, tempos de honradez, de dignidade e de confiança. De outro lado, os ídolos se instalam no futuro. No devir imaginado. Na utopia delirada do amanhã.

Passados e futuros, tempos da alma por excelência, válvulas de escape mais que conhecidas. Para quando o presente da vida ameaça, agride, entristece, apequena.

Safada e recatada

Em *Memórias de duas jovens esposas*, Balzac contrapõe caminhos e existências. Louise de Chaulieu e Renée de Maucombe são amigas de internato. Uma vez separadas, seguirão trajetórias opostas. Louise viverá para os bailes e romances tórridos, na esperança de encontrar um grande amor; enquanto Renée se casará com um homem avançado em idade, passando a viver de forma pacata no interior, entregue a atividades domésticas.

As duas, no entanto, jamais deixarão de se corresponder.

A narrativa nos permite acompanhar, com toda a riqueza que consagrou o estilo de Balzac na observação do cotidiano, o desmoronamento da vida de Louise. Em contraponto à busca serena de Renée, que, sem alardes, dará à sua existência um sentido de entrega humilde, em maior conformidade com o mundo que tinha escolhido para si.

A leitura desse trecho da *Comédia humana* parece sugerir alguma sabedoria de reconciliação com o real e com o seu tempo. Alguma consciência, portanto, do passado e do futuro como recursos de fraqueza, sintomas de fracasso. Indicativos desfocados de uma vida que, no instante vivido, se vê pela metade, frouxa, esgarçada, morna e vazando.

Capítulo 7

Só o devastador será sublime

Arthur desceu sem pressa a ladeira pesada e de calçamento antigo. Lá em cima, as raras casinhas pareciam construídas fora do espaço e do tempo. Mas como se aproximasse do centro, podia ver os ônibus que estouravam numa fumaça preta, e os operários que, aos poucos, deixavam o trabalho.

Notou quando um cachorro exausto encontrou um halo de sombra incrustado na luz: era a porta da igreja matriz. Certamente percorrera todo o dia num inelutável zigue-zague e agora, no fim da tarde, entrava por ela sem cerimônia.

Um homem de olhar opaco passou apressado, claramente sem saber aonde ir.

Sua cabeça flamejava; precisava despencar até o subúrbio. No bolso da camisa rosa, a pequena medalha de ouro branco em formato de coração. Apertou os olhos turvos para vê-la melhor. Estava acomodada.

Só um tá bom

Caminhou umas três quadras. Sentiu quando alguma coisa reteve suas calças. Voltou-se e viu que se tratava de uma mão pequena e suja. Era um menino de uns 7 anos.

— Moço! Por favor, me compre um doce?! — Estava de pé em frente à confeitaria.

Caminhou até o balcão. O menininho atrás.

— Aquele! — E apontou com o dedinho imundo.

— Escolha outro — disse. Mas a boquinha que ainda se mexia pela ansiedade do primeiro presente foi certeira:

— Não precisa outro, não. Um já tá bom, moço.

Quanta altivez vinda do sofrimento!

— Escolha! — ordenou.

— Esse aqui! — Era um quindim.

Já passava das 19 horas quando finalmente chegou em casa. As crianças vizinhas brincavam de roda no passeio em frente.

Atravessou o portão. Na varanda de cimento, a mãe o aguardava. Envelhecera tudo o que um dia teve de juventude. E agora, permanecia como que parada no tempo, os cabelos branquíssimos. A pele descorada sob a leve camada de perfume, imutável como aquela cadeira de vime em que se assentava todas as tardes. Dama aristocrata no verão do subúrbio carioca.

A dama de Barros Filho

Começaria outro diálogo curto. Como os seus pontos de crochê. Nunca houve pra mais. Nas conversas, como na vida, nada fora além da primeira esquina das ruas dali mesmo. Em Barros Filho. Onde terminaria seus dias derretendo. Pertinho de Bangu.

— Arthur, você voltou naquele cemitério de novo. Posso ver pelas suas calças.

— Hoje é aniversário dela.

A mulher pousou nele seu olhar sem pressa. E num gesto de delicadeza triste, como havia muito não ousava ter, levantou-se de sua cadeira:

— Lara morreu há dois anos. — E passou a mão no seu rosto suado.

Entrou em casa. No pequeno quarto gracioso e azul (talvez o tempo o azulasse em sua memória), o armário escuro e simples guardava ainda os vestidos de solteira. Não eram muitos: tinha aquele roxo singelo, um outro de linho cor da areia da praia. Gostava mais do estampado de flores. Havia também uma estante estreita, e entre os livros, aquele de Arthur, de dedicatória tímida.

Era humilde o seu quarto de moça solteira, mas ela o amava, como adorava também o grande espelho em frente à cama, no qual às vezes se olhava. Demoradamente nua.

Depositou sobre a penteadeira a medalha de coração.

Lá fora, a débil cantiga infantil era agora a única nota viva da noite:

— A coroa do rei não é de ouro nem de prata!

Voltando-se da porta, olhou uma última vez o pequeno coelho de pelúcia amarelo largado sobre a cama.

Materialidade da vida

Há muito pensador importante, na mais nobre história do pensamento, que considera a vida humana na sua estrita materialidade. Tudo em nós seria, então, orgânico, celular, atômico. Poderiam até aceitar um corpo e uma alma. Desde que esta fosse material também. Em suma, fosse corpo como o resto.

Materiais também seriam todas as suas manifestações, atributos, competências, faculdades. Das sensações mais epidérmicas em agulha e seringa às abstrações mais metafísicas do poeta filósofo.

Nesse caso, essa matéria que nos constitui a todos iria se encontrando entre suas partes. Tanto quanto nosso corpo, o de cada um de nós, esbarrando no mundo que lhe é exterior.

Suas unidades mais elementares se deslocariam, tocando-se, chocando-se, relacionando-se. Nessas relações, a matéria que é o que é encontra outra, daquele jeito mesmo. Resultando em inexorável transformação recíproca. Tudo como só poderia ser. Necessariamente daquele jeito.

Na mesa de sinuca, uma bola bate na outra. Suas massas são aquelas. A velocidade da que fora golpeada pelo taco também não poderia ser outra. Tal como a angulação do choque. Assim, o movimento que advém do encontro só poderia mesmo ser aquele verificado. Com seu sentido e direção, sua aceleração e distância de deslocamento.

Não haveria, portanto, nenhuma fresta para o contingente. Tampouco para algum livre-arbítrio. Nossas sensações, pensamentos e ações também seriam inexoravelmente aquelas. Inseridas numa teia de causalidades materiais que não cede vinco para diletantismos de escolha livre.

Restritos à nossa materialidade, a energia que nos anima adviria de todos os movimentos que nos afetam. De um lado, no interior de nosso corpo e alma. De outro, na relação destes com o que nos é outro e exterior.

Na complexidade de tantos tipos de relações que marcam a vida, somar-se-iam vetores, não raro de mesma direção e sentido, mas também de sentidos opostos. Um abraço que faz bem pode se fazer acompanhar de um beijo, que também conforta.

Mas nada impede que sejamos acometidos de câimbra e orgasmo ao mesmo tempo. Que a notícia do óbito de um ente querido nos afete simultaneamente à outra sobre a polpuda herança que nos deixou. Ou ainda que, na degustação de um doce português, com muitos ovos moles, a cópula adulterina do amor da sua vida com o amigo mais chegado seja narrada com crueldade em detalhes.

O resultado dessa somatória, sempre restrito ao instante vivido, portanto sempre provisório, é o que temos nas mãos na hora de viver. A energia de que dispomos para aquele momento. A potência zero põe fim a tudo. O resto é vida que segue. Com seus trancos e solavancos, mas também com suas gotas esparsas de encantamento.

Resta-nos, portanto, algum esforço para mantê-la em alta. Para perseverar no próprio ser, em suma. Muitos o chamam de *conatus*. Luta do corpo por aproximações e relações potencializadoras com o resto do mundo. Luta da alma para conviver com ideias positivas. Excluindo de si tudo que possa apequenar.

Pondo as coisas dessa forma, a impressão que fica é de uma lógica existencial 100% interessada, autocentrada, egoísta, mesquinha e voltada exclusivamente para a própria sobrevivência. Nesse caso, não haveria nenhuma diferença essencial entre o nosso caso e o resto da animalidade no cio.

Tudo não passaria de uma diferença de grau. De um tiquinho a mais de competência para pensar. Que na comparação com os símios superiores poderia ver nossa vantagem se reduzir a simples presunção.

Algo mais do que resistir

Mas a vida não é só isso. Não a nossa. Podemos ir além de mera luta aguerrida pela sobrevivência. Muitos de nós passam a vida dedicados à existência alheia. Em vias de proporcionar, oferecer, entregar e permitir que o outro viva melhor.

Se não amam sempre, nem a todos, agem como se assim fosse. Em generosidade, solidariedade, lealdade e demais virtudes morais inspiradas no comportamento amoroso. Que me deem apoio com o exemplo de suas vidas exemplares todos os voluntários do mundo.

Nesse caso, só resta perguntar: se tudo se reduz a matéria e energia, resultará toda essa generosidade de busca ordinária por ganho de potência, por alegria em si mesmo, como qualquer outra estratégia assumidamente egoísta e mesquinha?

Respondendo em afirmação, tudo não passaria de investimento. Como na construção de uma identidade altruísta que tende a tornar-se legítima e digna de aplauso, questão de reputação, num espaço particularmente povoado por canalhas?

Viverão todos os desprendidos, tão aparentemente desapegados de tudo, apenas em nome de seus próprios interesses, como qualquer outro ganancioso homem de negócios?

Haverá em cada gesto generoso mero cinismo ou hipocrisia? Ou total alienação a respeito das próprias motivações?

Princesas nada distantes

Era seu quarto ano de vida. Transcorridos todos em infância feliz. No catado dos dias vividos até ali, entre risos, risadas, sono tranquilo e ternura acarinhada, de um lado, e choro doído e desesperado do outro, a balança, no mais das vezes, pendia pelo primeiro prato.

Claro que houve cólica, otite, amigdalite, faringite, nariz entupido, um ou outro beliscão de integração escolar e até uma mordida. Do Celso. Um coleguinha que, naquela dolorosa tarde enevoada, foi levado por suas forças vitais mais autênticas a cravar-lhe os dentes em volta do nariz.

De pai e mãe bem presentes, dois irmãos mais velhos com quem tinha ótima convivência – para irmãos –, avó paterna próxima, residente logo ali, a dez minutos, na alameda Casa Branca, e avós maternos de São Luís. Do distante Maranhão. Com seus lençóis, sua Curupu e, é claro, a Cabana do Sol do seu Régis. Paraíso de todas as férias. O imaginário das princesas encontrava na sua vida de carne e osso um cenário bem propício a aproximações.

Mal absoluto

Mas, como dizíamos, N. Macieira completara 4 anos. Ah, sim. Era esse seu nome. Desde o 5 de maio de 2002. Na verdade, desde muito antes. O consenso entre os pais nesse ponto nascera lá no primeiro teste da farmácia.

Em meio a doenças típicas da idade, naquele fatídico ano de 2006, caiu prostrada e seriamente enferma.

A combinação de sintomas constrangeu Alessandro, pediatra de todos os dias, de dentro de sua camisa de linho branco com casas vinho sustentando os botões, a enunciar dos diagnósticos, o pior: síndrome de Kawasaki.

Um vírus. Exclusividade de indivíduos dessa idade. Contraído não se sabe bem como. A literatura médica não é conclusiva, informou o doutor em fórmula que confere à ignorância alguma nobreza.

Se ficar como está, de boa, morre em dois anos. O vírus, é claro. Não a menina, tampouco o pediatra. É o quanto dura sua vida. E, nesse caso, tudo termina bem. Como se nada tivesse acontecido.

Mas o danado pode resolver aprontar. Pôr-se em agitação. Exercitar-se. Desencubar, como se diz. Quando isso acontece, os danos são devastadores. Em especial para o coração de quem lhe dá abrigo. Não há sobrevida. Um vírus letal, portanto.

Meio dopada, meio sem entender, N. Macieira dirigia o olhar para a tela da TV. A alma sofrida da menina eclipsava toda percepção do mundo.

Que me perdoem os relativistas de plantão. Tantas vezes cobertos de razão. Estes que teimam em problematizar, opondo sempre algum "depende" ao argumento do interlocutor. Se fosse para apontar alguma certeza que não depende de nada, dessas impossíveis de discutir, não hesitaria em sugerir-lhes o sofrimento de uma criança. Eis o mal absoluto. Inquestionável. Sem concessões.

Unguentos amortecedores

O pai a fitava de longe. Seu pensamento o consumia. Arremessando-o do temor à esperança. E com mais força ainda, em sentido contrário. Aos tombos e fraturas sem unguentos amortecedores ou palavras de anteparo. A leitura enlouquecida de milhões de depoimentos na internet abastecia a mente de dados, empurrando com seu peso a gangorra dos afetos mais pra baixo do que pra cima.

Ali não havia dúvida. Corpo e alma conservam-se imbricados à morte. Trabalhando em parceria tão fina que acabam constituindo unidade. O pensar e o sentir não passam de formas diferentes de manifestação da mesma substância. A mesma tristeza que agride o corpo, retorcendo suas células, turva a mente com conteúdos monstruosos.

E não há soberania de um sobre o outro. Entre o pensar e o sentir. Tampouco vassalagem. Parecem mesmo correr em paralelo. A cada unidade de tristeza corresponderá algum devaneio obscurecido. Tanto quanto o inverso. Na alegria, sempre mais rara, acontece o mesmo. A potência em alta empurra a mente para o imaginar mais agradável, o pensar mais otimista.

Entre as coisas da mente e as sensações do corpo, não há que buscar anterioridade de causa e efeito. Por isso, nem o pensar controla o sentir, desmentindo os mais ingênuos moralistas, nem o sentir controla o pensar, negando as mais firmes suspeitas de todos os doentes apaixonados por indivíduos que não lhes dão a mínima bola.

Proposta de 20 × 1

No cume da dor e do desalento, o pai pensa, crendo dialogar. Oração, como dizem muitos. Por que uma força superior, dessas que tudo podem, não opera uma singela substituição de corpos e não transfere o tal vírus da filha para si próprio? Por quê?

Ante a ineficácia da primeira proposta, o pai dobra a aposta. Faz mais. Multiplica por vinte. Sim. Vinte crianças com o mesmo tipo de vírus. Sugeria a transferência de todos os danosos animaizinhos de seus corpos para o seu próprio. É claro, com a inclusão da filha no seleto grupo.

Ali, aquele pai ganhou em sabedoria. Trouxe para a consciência o que a própria estava a protagonizar. Pensou sobre o próprio pensamento. Refletiu a respeito da própria reflexão. Em plena consciência da consciência. Que já indicava o terceiro degrau. Num recuo sem fim. Rumo ao abismo sem chão.

A vida do pai não era, naquele momento, para ele próprio, o bem de maior valor. Portanto, concluiu o sofrido genitor, há valores que superam o valor da vida. No caso, a vida da filha.

Paradoxal. Afinal, para que esses supervalores possam ter algum valor, é necessário estar vivo, não? Pelo menos para identificá-los. Fazê-los triunfar. Para escolher morrer em nome de algo, é preciso estar vivo. É em vida que a vida poderá ser preterida. Estranho que qualquer coisa supere em valor a sua condição. Se dela depende.

Sócrates, Jesus e o suicida

Sócrates foi preso. Condenado à morte. Teve a oportunidade de fugir. Mas, ainda em plena vida, preferiu a condenação. Optou pela cicuta. Em nome de uma ideia de justiça. De cidade justa. De certa dignidade que requer respeito às leis dessa cidade. Incompatível com toda fuga.

Jesus, a supor só um fiapo de divindade, poderia ter aniquilado seus detratores. Escolheu deixar-se crucificar. Foi em vida que decidiu morrer por todos nós. Em nome do amor. Pela humanidade. E de sua salvação. Tanto para o grego como para o judeu, a justiça e o amor valiam mais do que seguir vivendo de qualquer jeito.

O suicida encontra na própria vida, e não mais na cidade e na humanidade, o valor que supera a sobrevida. Um valor de eliminação do negativo. E como menos com menos dá mais, entende a solução escolhida como superpositiva. Ao abreviar a própria existência, troca o sofrimento avassalador da vida vivida pelo fim do sofrimento. Abre mão da dor já instalada pela morte, onde, supõe-se, não haja nenhuma.

É claro que, ao matar o corpo que sofre, mata todo o resto junto. A admiração pela esposa, defensora pública, aguerrida e idealista. O amor pelo filho que mora na Holanda e trabalha com entretenimento. A compaixão pela irmã mais velha, de quem sempre fora provedor.

Abre mão também da amizade mais duradoura. Daquela camaradagem tão antiga quanto a própria lembrança. Do companheiro de futebol de botão e das experiências inaugurais na tia Olga. Do Corcel de todo sábado. Da rua Batatais. Da major Diogo. Do Heróis do Mar. Da parceria para tudo que um dia coloriu a vida.

Como abrir mão do Narduzzo, do Moretzsohn, do Gordo, do Joel?

Naquele instante, somando tudo, noves fora, o suicida acha que compensa. Que vale mais a pena. Que vale mais. Que vale. Pela eliminação. Pela extinção do ruim. Do insuportável. Do inaguentável.

Cala-boca no bichinho

O pai de N. Macieira a queria viva. E oferecia a própria vida em troca. Sofria também. Como todo suicida. Mas não cogitava morrer por causa disso. O fim do próprio sofrimento era irrelevante. Pensava, sim, em salvar a filha. Morreria por amor. Porque para um eu como ele, o outro pode valer muito. E a vida deste, mais do que a própria.

E o leitor sabe disso. Faria igualzinho a esse pai. Sem tirar nem pôr. Se alguém ameaçasse aquele que você ama, também se poria na frente. Para receber o golpe em seu lugar. Ofereceria o próprio corpo em escudo. Receberia a bala que não lhe era destinada.

N. Macieira curou-se. Seu vírus permaneceu dormente. Jamais se saberá por quê. Se o interlocutor do pai, piedoso, vendo seu desespero, resolveu dar o cala-boca no bichinho sem cobrar-lhe nenhum sacrifício adicional.

Ou se, na ausência de interlocutor real, de avaliador externo ou de força transcendente com incidência sobre microanimais, as coisas deram seu próprio jeito. E, em meio às infinitas relações de causalidade, na complexidade abissal da vida e do mundo, tudo seguiu seu fluxo como só poderia ser. Zombando de todas as estratégias. Mas de um jeito igualzinho ao esperado pelo pai, pela mãe, pelos irmãos e, com certeza, por N. Macieira ela mesma.

O que a máquina deu por perdido

O romance desponta no século XIX para se consolidar como grande gênero literário. Entremeando relato histórico e enredo de folhetim, nomes como os de Balzac e Dostoiévski inscrevem-se definitivamente numa memória que é, num só tempo, íntima e coletiva.

Victor Hugo mostra a vida do alto de Notre--Dame. Mostra o "Pátio dos Milagres", um tipo de vasto subterrâneo da sociedade lançando por toda parte os seus filamentos.

Mas, aqui, lembremos *Os miseráveis*, publicado na França em 1862.

Jean Valjean é um condenado que acaba de ganhar sua liberdade. Apanhado roubando um pão para alimentar os sobrinhos, passa dezenove anos na prisão. Agora, expurgado da sociedade, não conseguirá abrigo ou trabalho senão pelas mãos de um abade a quem também acaba furtando.

É o próprio bispo Muryel quem oferece clemência ao inocentá-lo do roubo perante as autoridades locais.

— Eu dei a ele a prataria — é o que diz quando reconhece seus bens resgatados.

Valjean tem aqui sua virada, passando de marginal a respeitado burguês, vivendo com um nome falso.

Quando descobre que Fantine, mãe solteira, desesperada e covardemente demitida de uma de suas fábricas, está à beira da morte, ele promete cuidar de sua filha, Cosette, mudando-se assim para os fundos de um convento. Lá, pelas mãos das freiras, a menina receberá o cuidado devido e a educação formal que, de outra forma, jamais acessaria.

Victor Hugo se detém por um momento nos esgotos de Paris por onde Valjean caminha na sua obra de salvamento, como na vida se redimira e redimira aos outros.

A partir do subsolo moral e da vergonha social, constrói uma obra que é poderosa denúncia à injustiça humana. Aqui, a vingança é passaporte para o autor circular livremente pelas camadas da sociedade. Mas não apenas: convivem nesse texto o sentimento mais genuíno de compaixão e aquilo que chamaremos "livre jogo da imaginação".

Fantine sem seu dia

As mães, muitas, já existiam antes de instituído seu dia. Para todas as outras, que cumpriram a maternidade em calendário oficial, talvez seja difícil pensar de outro modo: amam a data. Mas elas já existiam.
Fantine, sacrificada pela filha.
A anônima mãe de Luíza Porto: menininha desaparecida do famoso poema de Carlos Drummond de Andrade; vestidinho pobre, ficará para nós cravada no centro de uma estrela indizível: amor.
Neste momento, uma mulher em algum lugar adormece e tem um sonho: o filho cresce em velocidade insólita diante dos seus olhos, faz 17 anos. Um dia, leva para ela um ramo de flores lindíssimo e uma caixa de veludo.
Quando abre o embrulho, depara com uma aliança: o presente errado! O anel era pra namorada.
Mãe solteira como Fantine, essa ficou com as rosas pelo tempo do sono. Seu dia das mães consiste na memória de um sonho.

Amabilidade que não luzia amiúde

Era aniversário. N. Macieira já deixara longe nos calcanhares os tempos de 4 anos. E Kawasaki já era dado curricular. Troféu de superação. Uma vitória a mais sobre mundos entristecedores. Pediu ao pai para celebrar em casa mesmo. Queria mostrá-la aos colegas.

Pedidos assim era sempre ao pai que os dirigia. Porque dele tinha certeza de arrancar, vez sim e outra também, a completa aprovação. Com efeito. Aquele bonachão era um entusiasta de todas as suas ideias. Ia além da simples permissão. Viabilizava. Aplaudia. Garantia os bastidores. Radicalizava, às vezes. Mas nunca deixava dar ruim.

Vieram 39. Só o Fujita, que conhece pássaros como poucos, não pôde comparecer. Morrera uma tia em Tupã. Ele teve que acompanhar os pais. Estava inconsolável. Não pela morte da tia, de quem ele nem lembrava direito. Mas por faltar no níver de N. Macieira. Eram muito amigos os dois. Confidentes até.

Quanto aos demais, chegaram quase juntos. Era sempre assim, quando vinham direto da escola. Naquele dia, quiseram subir todos no primeiro elevador. O que não foi possível. Ocasião de atrito físico entre os que já estavam no seu interior e os que faziam questão de se juntar a eles. Só uns quinze resistiram vitoriosos.

Entre eles, dona Nerly, a primeira a entrar. Moradora quase centenária do 141, cuja amabilidade não luzia amiúde no trato com os demais condôminos. Ameaçou, esganiçada e previsível, no aconchego bem justo dos corpos febris, fazer reclamação formal ao síndico. Aquilo não ficaria assim. Recebendo em devolutiva estridente apupo.

Os outros, empurrados e chutados pra fora do elevador, não queriam consentir com o fechamento da sua porta. Mas acabaram se conformando em subir no próximo. Uns dois minutos depois.

Criança é como água

Não conheço onde vive o leitor. Refiro-me a não ter ideia das dimensões da sua morada. Mas na casa de N. Macieira, ali mesmo na rua Itacolomi, quase na avenida Higienópolis, 39 criaturas a mais, assim de supetão, dava pra notar suas presenças.

O pai lembrou-se de um poema que lera num livro de filosofia. Poetisa húngara, ou seria búlgara, não tinha certeza. O refrão dizia, a crer no filósofo que se servia do exemplo, que criança pequena é como água, ocupa todos os espaços.

Acuado, trancou-se no quarto. Mas a poetisa parecia ter mesmo razão. Todos os espaços. E N. Macieira solicitou-lhe também aquele quarto para a brincadeira. Cheio de zelo para não entristecer a filha, sobretudo naquele dia, pergunta onde ela esperava que ele ficasse.

— Sabe, não quero atrapalhar o jogo de vocês, de jeito nenhum.

Ao que ela de pronto respondeu:

— Você não gosta tanto da padaria? Vai pra lá e leva o celular. Quando acabar eu te chamo.

Tudo isso dito com doçura de intuição cirúrgica. Sabia conduzi-lo pela ponta do nariz. Com direito a papaizinho lindo, no final.

Ameba cheia de amor

O leitor de estilo mais centrado nas próprias prerrogativas se impacienta e pergunta:

— Que espécie de ameba passaria três horas de sábado à tarde no balcão do bar de uma padaria tomando um café emendado em outro, à espera de que uma criança o autorize a voltar para sua própria casa?

Pois esse tipo ideal de frouxidão nas relações familiares, espécie de paradigma de acefalia e falta de autoridade, cujos desejos e pretensões cabem sempre no frasco de formato escolhido pelo outro, esse é mesmo o pai de N. Macieira.

No retorno ao lar, descadeirado pelo banco sem encosto, foi recebido pela filha. E essa, porque ama aquele pai só menos um restinho de régua do que a mãe, dispara sem dó:

— Adorei minha festa, papai. Graças a você, me diverti demais. Meus amigos também gostaram muito.

Já teria bastado para umedecer-lhe os olhos. Mas a menina não se deu por achada e prosseguiu:

— Aliás, eu queria te dizer outra coisa: eu adoro ser sua filha.

Vixe. Aí o coitado desabou. Teria ficado uma semana penso no balcão para ouvir aquela declaração outra vez. Foi para o quarto e só saiu na manhã seguinte. Com a cara inchada. De quem vivera até ali apenas se preparando para alcançar aquele estado de ameba. Deformada em devoção e carinho. E pronto para tudo repetir. Só pra ver a filha sorrir outra vez.

Epitáfio para qualquer um

Mas nosso herói se chama Jean. Jean Valjean. Será perseguido por toda a vida, espreitado, vigiado. Sem trégua nem clemência. Em caça implacável. Por ter assumido falsa identidade, jamais conseguirá se livrar das suspeitas da polícia.

Da miserável mãe aflita aos meninos de rua de Paris, Victor Hugo faz de Valjean o fio que a esses indigentes redime do anonimato, extraindo aquilo que a falta de memória cotidiana vai deixando cada vez mais remoto, reconhecendo sua singularidade, de inconfundível amor.

Quando Jean morre, já velhinho, recebe de Cosette um epitáfio, que bem poderia ser o de qualquer um de nós:

Dorme – viveu na terra como em luta pela sorte.
Mal seu anjo voou, pediu refúgio à morte.
O caso aconteceu por essa lei sombria
Que faz que a noite chegue, apenas foge o dia!

**Acreditamos
nos livros**

Este livro foi composto em Libre Castlon
e impresso pela Gráfica Santa Marta para a
Editora Planeta do Brasil em julho de 2020.